Hausbuch zur Weihnachtszeit

Herausgegeben von Anna Cavelius

Illustrationen von Caroline Ronnefeldt

arsEdition

Ich will Weihnachten in meinem Herzen tragen
und versuchen, es das ganze Jahr
zu bewahren.

Charles Dickens

Inhaltsverzeichnis

- 8 **Sankt Martin**
- 11 Sankt Martin
- 12 Martinsbrot oder Stutenkerl?
- 15 Oscar Wilde: Der eigensüchtige Riese
- 20 Lichtballons
- 22 Schlauchschal zum Selberstricken
- 23 Florentiner

- 25 **Was der Advent bedeutet**
- 28 Der Adventskranz
- 29 Lasst uns froh und munter sein
- 30 Matthias Claudius: Lied im Advent
- 31 Peter Rosegger: Die heilige Weihnachtszeit
- 40 Rainer Maria Rilke: Advent
- 41 Weihnachtstürkranz
- 43 Gerdt von Bassewitz: Peterchens Mondfahrt
- 49 Bratapfel mit Schokolade
- 50 Vanillekipferl
- 51 O du fröhliche
- 53 Vögel im Winter

- 55 **Die heilige Barbara**
- 57 Barbarastrauß
- 58 Leise rieselt der Schnee
- 59 Zimtsterne
- 60 Kuscheldecke zum Selberstricken
- 61 Joachim Ringelnatz: Schenken
- 62 Lebkuchenfiguren
- 64 Kuscheltierchen
- 65 Butterstollen
- 66 Der Dezembergarten – was zu tun ist

- 68 **Der heilige Nikolaus**
- 71 Theodor Storm: Unter dem Tannenbaum
- 81 Anna Ritter: Vom Christkind
- 82 Lebkuchen-Hexenhaus
- 85 Hans Christian Andersen: Das Mädchen mit den Schwefelhölzern
- 87 Joachim Ringelnatz: Weihnachten
- 88 Pomander

89 Morgen kommt der Weihnachtsmann
90 Clement Clarke Moore: Als der Nikolaus kam
92 Kinderausstecher
93 Schneeflöckchen, Weißröckchen
95 Adalbert Stifter: Bergkristall
124 Der Sternenhimmel im Winter
126 Joseph von Eichendorff: Weihnachten
127 Kling, Glöckchen, klingelingeling
128 Theodor Storm: Weihnachtslied

129 Der Weihnachtsbaum
131 O Tannenbaum
133 Hermann Löns: Der allererste Weihnachtsbaum
138 Christbaumschmuck – Zeichen über Zeichen
140 Schleifenäpfel
141 Stoffsterne
142 Ludwig Thoma: Christkindl-Ahnung im Advent
144 Kommet, ihr Hirten
145 Annette von Droste-Hülshoff: Zu Bethlehem, da ruht ein Kind
146 Zimtpäckchen und Orangenscheiben
147 Strohsterne
148 Die Weihnachtsgeschichte nach Lukas
151 Selma Lagerlöf: Die Heilige Nacht
154 Brief von Johann Wolfgang von Goethe an seinen Freund Kestner
156 Weihnachtsmenü
157 Kürbissuppe
158 Weihnachtsgans mit Rotkraut
160 Schokotarte mit Himbeersauce
161 Die Christmette
162 Stille Nacht, heilige Nacht!

163 Die Raunächte
165 Württembergische Sage: Das Holleweibchen
166 Räuchern
168 Die Heiligen Drei Könige
170 Die Heilgen Drei König
171 Dreikönigskuchen
172 Wilhelm Busch: Der Stern
173 Der Stern von Bethlehem
174 Themenregister

Vorwort

Viele Farben hat der Dezember: Die späten Sonnenaufgänge zeigen jeden Morgen ein anderes Morgenrot. Hinter den silbrig scheinenden Wolken taucht jeden Morgen die Sonne auf mit fast unwirklich scheinenden Farbenspielen von Zartrosa über Orange bis zu einem tiefen Rot. Für die Kinder bedeutet dies, dass die Engel nun schon ihre Öfen anheizen, um sich einer der schönsten Beschäftigungen in der Vorweihnachtszeit zu widmen: dem Plätzchenbacken. Nachmittags, wenn die Engel ihre Plätzchendosen gut verschlossen und die Backöfen ausgekehrt haben, versilbert sich der Himmel wieder, um gegen Abend wieder ins watteweich Blaue und dann ins tiefe Dunkel der Nacht überzugehen. Dann beginnt die Zeit, wenn die Kerzen angezündet werden, um die bösen Geister zu verscheuchen und die guten lichtvollen einzuladen.

Auch draußen ist es am Tag keineswegs grau in grau oder nur weiß bestäubt. Das Immergrün der Nadelhölzer zeigt sich unter Schnee und Raureif, die Baumrinden leuchten in warmem Braun; überall gibt es nun fein gemusterte Strukturen und Silhouetten der Natur mit reifbedeckten Winterblüten und -blättern zu entdecken. An den Zweigen hängen Eiszapfen oder Tautropfen wie kleine Diamanten, in denen sich das matte Tageslicht bricht. Und auch nach Einbruch der Dunkelheit zeigt sich uns ganz nah – sofern die Wolken einen Blick darauf freigeben – der Sternenhimmel.

Lange Zeit war das wichtigste Fest des Jahres die Wintersonnwende am 21. Dezember, die Nacht, in der die Sonne ihren tiefsten Stand erreicht und von der an es Tag für Tag ein wenig heller wird. In der alten Kirche begann mit dem 11. November der Advent: eine Zeit der Einkehr und des Fastens, in der man sich auf die Ankunft des Herrn vorbereitete. Die Dezembernächte und insbesondere die Nächte zwischen den Jahren galten als geweiht. In dieser Zeit steht alles still, man kann sich von der Ruhe der Natur anstecken lassen, kann abends bei Kerzenschein lesen oder kleine Geschenke basteln, Plätzchen backen und nur das tun, was einen glücklich macht. Die Seele darf in dieser Zeit wieder ins Gleichgewicht kommen. Etwa seit 1170 wurde aus diesen geweihten Nächten dann das Fest der einen Nacht, der »Weihnacht«.

In diesem Buch finden Sie viele Anregungen, mit denen Sie sich und Ihre Lieben in dieser stillen Zeit und kurz vor und nach dem schönsten Fest des Jahres beschenken können.

Sankt Martin

Martin von Tours, Barbara von Nikomedien, Nikolaus von Myra und Lucia von Syrakus: Sie sind die bekanntesten Winterheiligen. Der 11. November – der Gedenktag des Sankt Martin – ist traditionell der Auftakt für die besinnlichen Tage bis Weihnachten. Jedes Jahr freuen sich vor allem die Kinder auf diesen Tag. In vielen Gegenden Deutschlands, Österreichs und der Schweiz ziehen Klein und Groß mit Laternen durch die Straßen und singen Martinslieder. Oft treffen sie zum Schluss auf einen »echten« heiligen Martin, der zu Pferd vor der Kirche wartet und hier seine Anhänger mit Kinderpunsch und Gebäck bewirtet. In manchen Kindergärten und Schulen führen die Kinder auch Szenen aus dem Leben des Heiligen auf, von denen die berühmteste die ist, als Martin als junger Reitersoldat in einer eiskalten Nacht einem frierenden Bettler die Hälfte seines Mantels gibt und so dessen Leben rettet.

Im Jahr 316 n. Chr. wurde der Junge Martinus als Sohn einer römischen Offiziersfamilie in Savaria (Szombathely) – dem heutigen Ungarn – geboren. Bald zog die Familie wieder zurück nach Italien. In Pavia verbrachte der Junge seine Kindheit und Jugend. Auf Wunsch des Vaters sollte der Sohn in die väterlichen Fußstapfen steigen und wurde daher als Fünfzehnjähriger Soldat bei einer Reiterabteilung in Gallien und kurze Zeit später Offizier.

Bereits in dieser Zeit hatte sich der junge Soldat intensiv mit dem Christentum auseinandergesetzt, weshalb er sich mit 18 Jahren von Hilarius, dem späteren Bischof von Poitiers, taufen ließ. Ebenfalls in diese Zeit fiel das Ereignis, das Martin über alle Zeiten als Mildtäter berühmt werden ließ: Als der junge Offizier eines Wintertags am Stadttor von Amiens an einem hungernden und frierenden Bettler vorbeiritt, teilte er kurz entschlossen seinen kostbaren Offiziersmantel mit seinem Schwert und schenkte dem Bedürftigen eine Hälfte.

In der Nacht erschien Martin im Traum derselbe Mann und gab sich als Jesus Christus zu erkennen. Zwei Jahre später, kurz vor einem weiteren Feldzug gegen die Germanen, entschied sich Martin für das Ende seiner militärischen Karriere. Er wollte sich nun für den Rest seines Lebens ganz seinem Glauben und einem Leben in Demut widmen.

Sein Freund und Mentor Hilarius holte Martin schließlich nach Poitiers. Vor den Toren der Stadt hauste er in aller Bescheidenheit in einer Einsiedlerzelle; hier sollte später der Grundstein für das erste Kloster Galliens gelegt werden. Um 371 nach Christus wurde der beim einfachen Volk überaus geschätzte Martin Bischof von Tours – trotz Vorbehalten seitens der Kirche und auch gegen seinen Willen, da er damit sein zurückgezogenes Leben aufgeben musste. Es wird berichtet, er habe sich in einem Gänsestall versteckt, um der Wahl zu entkommen, doch hätten ihn dessen gefiederte Bewohner durch ihr Schnattern verraten. Manche sagen, dass der Brauch der Martinsgans, die in vielen Familien am Martinstag verzehrt wird, von dieser Geschichte herrührt.

Beim Volk war Martin beliebt als ein gerechter, treu sorgender Bischof, der weiterhin bescheiden lebte und wenig Aufwand um die eigene Person betrieb. Alle Legenden betonen seine Bescheidenheit und demütige Haltung: Er kümmerte sich um seine Kleidung, putzte selbst seine Schuhe und saß niemals auf der bischöflichen Kathedra, sondern immer auf einem einfachen Holzschemel, wenn er Besucher empfing. Bei einem Festmahl mit dem Kaiser ließ dieser den Weinpokal erst Martin reichen, doch der verzichtete und gab ihn weiter an einen Priester. Andere Geschichten berichten von wundersamen Taten des Bischofs, etwa wie er Kranke heilte oder sogar ein Kind vom Tod erweckte.

Auf einer Missionsreise starb Martin in hohem Alter am 8. November 397. Sein Leichnam wurde auf der Loire nach Tours verschifft, wo er am 11. November bestattet werden sollte. In dieser Nacht sollen die Ufer des Flusses mit weißen Blüten übersät gewesen sein.

Martin von Tours ist der erste Nichtmärtyrer, der von der Kirche heiliggesprochen wurde, und gilt seither als Schutzpatron der Winzer und Fassmacher, Huf- und Waffenschmiede, Weber und Schneider, Hirten und Müller. Er beschützt außerdem die Bettler und Soldaten – und ist der Schutzherr von jedem Haustier.

Der Brauch der Martinsgans, die in vielen Familien am Martinstag verzehrt wird, liegt im ländlichen Arbeitsrhythmus begründet: Auf den 11. November fiel immer der Hauptzinstag. Damit endete das alte und begann das neue bäuerliche Wirtschaftsjahr, Steuern wurden bezahlt und Pachtverträge erneuert. Den Knechten und Mägden zahlte man die Löhne aus und sie konnten wie auch an Lichtmess ihren Dienstherrn wechseln. Zu Martini wurde das Vieh geschlachtet, das den Sommer über auf den Höfen gemästet wurde: Dazu gehörten neben den Schweinen auch die Gänse. Und so ergab sich vielerorts der Brauch, vor dem großen Fasten im Advent einen Gänsebraten zu verzehren. In manchen Gegenden entzündete man auf den Stoppelfeldern auch Martinifeuer; die Kinderlaternen zu Martini erinnern daran.

Bauernregeln

Hat Martini einen weißen Bart,
wird der Winter lang und hart.

Wenn an Martini Nebel sind,
wird der Winter meist gelind.

Auf Martini Sonnenschein
tritt ein kalter Winter ein.

Sankt Martin

Sankt Martin, Sankt Martin, Sankt Martin ritt durch Schnee und Wind, sein Ross, das trug ihn fort geschwind. Sankt Martin ritt mit leichtem Mut, sein Mantel deckt' ihn warm und gut.

Im Schnee saß, im Schnee saß,
im Schnee da saß ein armer Mann,
hat Kleider nicht, hat Lumpen an.
»O helft mir doch in meiner Not,
sonst ist der bittre Frost mein Tod.«

Sankt Martin, Sankt Martin,
Sankt Martin zieht die Zügel an;
das Ross steht still beim armen Mann,
Sankt Martin mit dem Schwerte teilt
den warmen Mantel unverweilt.

Sankt Martin, Sankt Martin,
Sankt Martin gibt den halben still,
der Bettler rasch ihm danken will.
Sankt Martin aber ritt in Eil
hinweg mit seinem Mantelteil.

Volkslied vom Niederrhein

Martinsbrot oder Stutenkerl?

Zubereitung: 20 Minuten
Ruhezeit: 60 Minuten
Backzeit: 30 Minuten

Zutaten:
500 g Mehl
250 ml Milch
1 Würfel Hefe (45 g)
100 g Zucker
1 Pck. Vanillezucker
125 g Butter
2 Eier
Rosinen

Außerdem:
Backpapier

1 Das Mehl in eine große Schüssel sieben. In einem kleinen Topf 125 ml Milch erwärmen und die Hefe mit 1 TL Zucker darin auflösen. Eine Mulde in das Mehl drücken und die Hefemilch eingießen. Mit ein wenig Mehl vom Rand verrühren und den Vorteig an einem warmen Ort zugedeckt 20 Minuten gehen lassen.

2 Die restliche Milch erwärmen, den übrigen Zucker, den Vanillezucker und die Butter darin auflösen.

3 Die Zuckermilch auf den Mehlrand träufeln und die Eier hinzufügen. Alles verrühren und mit den Knethaken des Handrührgeräts zu einem glatten Teig verkneten, eventuell noch Mehl zugeben. Zugedeckt an einem warmen Ort gehen lassen, bis sich das Teigvolumen verdoppelt hat (etwa 40 Minuten).

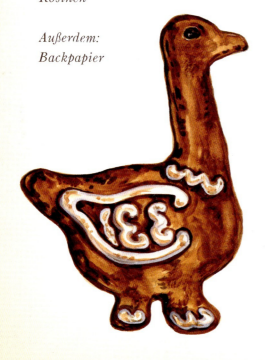

4 Den Backofen auf 190 °C vorheizen. Den Teig ca. 15 mm dick ausrollen und daraus Männchen formen. Wer mag, kann ihm Augen und eine Knopfleiste aus Rosinen eindrücken und eine Pfeife aus Teig hinzufügen. Alternativ kann man auch Formen ausschneiden und ausstechen, die man gut teilen kann, z. B. Kränze oder Herzen.

5 Die Formen auf ein Backblech mit Backpapier legen und 5 Minuten ruhen lassen. Im Backofen (unterste Schiene) in 30 bis 35 Minuten goldbraun backen.

6 Das heiße Gebäck mit Milch bepinseln und auf einem Kuchengitter auskühlen lassen.

Jede Region kennt ihre eigenen Rezepte und hat eigene Bezeichnungen für das Martinsbrot: In Niedersachsen heißt es »Stutenmännchen«, im westlichen Ruhrgebiet »Puhmann«, in Westfalen »Stutenkerl«, in der Pfalz und Südhessen »Dambedei«, im Süddeutschen »Klausenmann« und in Ostfriesland »Klaaskerl«. Im Rheinland verteilen Sankt Martin und seine Gehilfen nach dem Martinsumzug den »Weckmann«. In anderen Regionen wird das Gebäck erst am Nikolaustag verteilt.

Oscar Wilde
Der eigensüchtige Riese

n jedem Nachmittag, wenn die Kinder aus der Schule kamen, gingen sie in den Garten des Riesen und spielten da. Es war ein großer hübscher Garten mit weichem, grünem Gras. Hier und da auf dem Rasen standen schöne Blumen wie Sterne, und da waren auch zwölf Pfirsichbäume, die im Frühling zartrosa und perlweiß blühten und im Herbst reiche Frucht trugen. Die Vögel saßen auf den Bäumen und sangen so süß, dass die Kinder immer wieder in ihren Spielen innehielten, um zu lauschen. »Wie glücklich wir hier doch sind!«, riefen sie einander zu.

Eines Tages kam der Riese nach Hause. Er war auf Besuch bei seinem Freund, dem gehörnten Menschenfresser, gewesen und sieben Jahre bei ihm geblieben. Als die sieben Jahre um waren, war alles gesagt, was er ihm zu sagen hatte, denn sein Gesprächsstoff war sehr beschränkt, und so beschloss er, auf sein eigenes Schloss zurückzukehren. Als er nach Hause kam, sah er die Kinder in seinem Garten spielen. »Was tut ihr hier?«, rief er sehr mürrisch und die Kinder liefen weg. »Mein Garten, das ist mein Garten«, sagte der Riese, »das sieht jeder ein, und ich erlaube niemandem sonst, darin zu spielen als mir selber.« Also baute er eine mächtige Mauer ringsum und stellte eine Warntafel aus:

UNBEFUGTES BETRETEN DIESES GRUNDSTÜCKES IST BEI STRAFE VERBOTEN!

Es war ein sehr eigensüchtiger Riese. Die armen Kinder hatten jetzt nichts mehr, wo sie spielen konnten. Sie versuchten es auf der Landstraße, aber die Landstraße war sehr staubig und steinig, und sie mochten sie nicht leiden. So gingen sie also, wenn die Schule aus war, um die große Mauer herum und sprachen von dem schönen Garten dahinter. »Wie glücklich waren wir da«, sagten sie zueinander.

Dann kam der Frühling und über der ganzen Gegend waren kleine Blüten und Vögel. Bloß in dem Garten des eigensüchtigen Riesen blieb es Winter. Die Vögel machten sich nichts daraus, darin zu singen, weil keine Kinder da waren, und die Bäume vergaßen zu blühen. Einmal steckte eine schöne Blume ihr Köpfchen aus dem Gras

hervor, aber als sie die Warntafel sah, war sie so betrübt um die Kinder, dass sie wieder in den Boden hineinschlüpfte und weiterschlief.

Die einzigen Leute, die sich freuten, waren der Schnee und der Frost. »Der Frühling hat diesen Garten vergessen«, riefen sie, »so wollen wir hier das ganze Jahr hindurch leben.« Der Schnee bedeckte das Gras mit seinem großen weißen Mantel und der Frost bemalte alle Bäume silberweiß. Dann luden sie den Nordwind ein, bei ihnen zu wohnen, und er kam. Er war in Pelz ganz eingehüllt und brüllte den ganzen Tag durch den Garten und blies die Schornsteine herunter. »Das ist ein ganz herrlicher Platz«, sagte er, »wir müssen den Hagel auf eine Visite bitten.« Und so kam der Hagel. Jeden Tag prasselte er drei Stunden lang auf das Schlossdach herunter, bis er fast alle Schieferplatten zerbrochen hatte, und dann lief er rund um den Garten, so schnell er konnte. Er war ganz grau angezogen und sein Atem war wie Eis.

»Ich verstehe nicht, warum der Frühling so spät kommt«, sagte der eigensüchtige Riese, als er am Fenster saß und auf seinen kalten weißen Garten hinuntersah. »Ich hoffe, das Wetter ändert sich bald.« Aber der Frühling kam nie und auch nicht der Sommer. Der Herbst gab jedem Garten goldene Früchte, aber dem Garten des Riesen gab er keine. »Er ist zu eigensüchtig«, sagte der Herbst.

So war es da immer Winter, und der Nordwind und der Hagel und der Frost und der Schnee tanzten um die Bäume.

Eines Morgens lag der Riese wach im Bette, als er eine liebliche Musik vernahm. Es klang so süß an seine Ohren, dass er dachte, die Musikanten des Königs zögen vorüber. Aber es war bloß ein kleiner Hänfling, der vor seinem Fenster sang; nur hatte er so lange keinen Vogel mehr in seinem Garten singen hören, dass es ihm wie die schönste Musik in der Welt vorkam. Da hörte der Hagel auf, über seinem Kopf zu tanzen, und der Nordwind zu blasen, und ein köstlicher Duft kam zu ihm durch den geöffneten Fensterflügel. »Ich glaube, der Frühling ist endlich gekommen«, sagte der Riese und er sprang aus dem Bett und schaute hinaus.

Und was sah er? Er sah etwas ganz Wunderbares. Durch ein kleines Loch in der Mauer waren die Kinder hereingekrochen und saßen in den Zweigen der Bäume.

In jedem Baum, den er sehen konnte, saß ein kleines Kind. Und die Bäume waren so froh, die Kinder wieder bei sich zu haben, dass sie sich ganz mit Blüten bedeckt hatten und ihre Arme anmutig über den Köpfen der Kinder bewegten. Die Vögel flogen umher und zwitscherten vor Entzücken und die Blumen guckten aus dem grünen Gras hervor und lachten. Es war entzückend anzusehen, und nur in einem Winkel war es noch Winter, und dort stand ein kleiner Junge. Er war so klein, dass er nicht an die Äste hinaufreichen konnte, und er lief immer um den Baum herum und weinte bitterlich. Der arme Baum war noch ganz bedeckt mit Frost und Schnee und der Nordwind blies und heulte über ihm. »Klettere herauf, kleiner Junge«, sagte der Baum und senkte seine Äste so tief er konnte, aber der Junge war zu klein.

Da wurde des Riesen Herz weich, als er das sah. »Wie eigensüchtig ich doch war!«, sagte er, »jetzt weiß ich, weshalb der Frühling nicht hierher kommen wollte. Ich will dem armen kleinen Jungen auf den Baumwipfel helfen, und dann will ich die Mauer umwerfen und mein Garten soll für alle Zeit der Spielplatz der Kinder sein.« Er war wirklich sehr betrübt über das, was er getan hatte.

So schlich er hinunter und öffnete ganz leise das Tor und trat in den Garten. Aber als die Kinder ihn sahen, erschraken sie so, dass sie alle wegliefen, und im Garten wurde es wieder Winter. Bloß der kleine Junge lief nicht weg, denn seine Augen waren so voll Tränen, dass er den Riesen nicht kommen sah. Und der Riese kam leise hinter ihm heran, nahm ihn zärtlich bei der Hand und setzte ihn hinauf in den Baum. Und sogleich fing der Baum zu blühen an und die Vögel sangen in ihm, und der kleine Junge breitete seine Ärmchen aus, schlang sie um den Hals des Riesen und küsste ihn auf den Mund. Und wie die anderen Kinder sahen, dass der Riese nicht mehr böse war, kamen sie schnell zurückgelaufen, und mit ihnen kam auch der Frühling. »Der Garten gehört jetzt euch, Kinderlein«, sagte der Riese und er nahm eine große Axt und hieb die Mauer um. Und als die Leute um zwölf Uhr zum Markt gingen, sahen sie den Riesen mit den Kindern spielen, in dem schönsten Garten, den sie je geschaut hatten.

Den ganzen Tag spielten sie und am Abend kamen sie zum Riesen und wünschten ihm eine gute Nacht. »Aber wo ist denn euer kleiner Kamerad?«, fragte er, »der Junge, dem ich auf den Baum geholfen habe?« Der Riese liebte ihn am meisten, weil er ihn geküsst hatte. »Wir wissen es nicht«, antworteten die Kinder, er ist fort gegangen.« »Ihr müsst ihm sagen, er soll morgen wiederkommen«, sagte der Riese. Aber die Kinder

antworteten, sie wüssten nicht, wo er wohne, und sie hätten ihn zuvor noch nie gesehen; da wurde der Riese sehr traurig.

    Jeden Nachmittag nach Schluss der Schule kamen die Kinder und spielten mit dem Riesen. Aber der kleine Knabe, den der Riese so liebte, ließ sich nie mehr sehen. Der Riese war sehr gut mit den Kindern, aber er sehnte sich nach seinem kleinen Freund und sprach oft von ihm. »Wie gern möcht ich ihn wiedersehen!«, sagte er immer und immer. Jahre vergingen und der Riese wurde sehr alt und schwach. Er konnte nicht mehr unten mit den Kindern spielen, und so saß er in seinem mächtigen Armstuhl und sah ihnen zu und freute sich an seinem Garten. »Ich habe viele schöne Blumen«, sagte er, »aber die allerschönsten Blumen von allen sind die Kinder.«

    An einem Wintermorgen sah er beim Ankleiden aus seinem Fenster. Jetzt hasste er den Winter nicht mehr, denn er wusste, dass der Frühling nur schlief und die Blumen sich ausruhten. Plötzlich rieb er sich verwundert die Augen und sah und sah. Es war wirklich ein wundersamer Anblick. Im fernsten Winkel des Gartens war ein Baum ganz bedeckt mit lieblichen weißen Blüten. Seine Äste waren lauter Gold, und silberne Früchte hingen an ihnen, und darunter stand der kleine Knabe, den er so geliebt hatte. Hocherfreut eilte der Riese die Treppe hinunter und in den Garten. Er lief über den Rasen auf das Kind zu. Und als er ihm ganz nahe gekommen war, wurde sein Gesicht rot vor Zorn und er sagte: »Wer hat es gewagt, dich zu verwunden?« Denn an den Handflächen des Kindes waren Male von zwei Nägeln und Male waren an den kleinen Füßen. »Wer hat es gewagt, dich zu verwunden?«, rief der Riese, »sag es mir, damit ich mein großes Schwert nehme und ihn erschlage.« »Ach nein«, antwortete das Kind, »dies sind die Wunden der Liebe.«

»Wer bist du?«, sagte der Riese, und eine seltsame Scheu überkam ihn und er kniete nieder vor dem kleinen Kinde. Und das Kind lächelte den Riesen an und sprach zu ihm: »Du ließest mich einst im Garten spielen, heute sollst du mit mir kommen in meinen Garten, in das Paradies.«

Und als die Kinder an diesem Nachmittag hereinstürmten, da fanden sie den Riesen tot unter dem Baume liegen und ganz bedeckt mit weißen Blüten.

Wie die Christrose in die Welt kam

In der Heiligen Nacht sprachen die Hirten zueinander: »Kommt, lasset uns nach Bethlehem gehen und sehen, was da geschehen ist.« Und sie machten sich auf. Jeder nahm ein Geschenk mit: Butter und Honig, einen Krug Milch, Wolle vom Schaf und ein warmes Lammfell. Nur ein Hirtenknabe hatte gar nichts zum Schenken. Er suchte auf der Winterflur nach einem Blümchen. Er fand keins. Da weinte er, und die Tränen fielen auf die harte Erde. Sogleich sprossen aus den Tränen Blumen hervor, die Blüten wie Rosen trugen. Fünf Blütenblätter, zart und weiß, standen zum Kelch zusammen, daraus leuchtete ein Kranz von goldenen Staubgefäßen gleich einer Krone hervor. Voll Freude pflückte der Knabe die Blumen und brachte sie dem göttlichen Kind in der Krippe.

Seit der Zeit blüht die Blume jedes Jahr in der Weihnachtsnacht auf, und die Menschen nennen sie Christrose.

Lichtballons

Das brauchen Sie:
1 Luftballon (klein oder groß)
wasserfester Stift
2–3 Bögen (70 x 100 cm)
weißes Transparentpapier
Tapetenkleister
buntes Transparentpapier
buntes Seidenpapier
Blumendraht

Perlen und Fädelschnur
Klebestift
Bastelschere
Laternenhalter
Deko: z. B. Farben, Blätter, Tonpapier,
Federn, leere Küchenpapierrollen etc.

Als Beleuchtung:
Doppelklebeband
Teelicht

So wird's gemacht:
1 Den Ballon auf die gewünschte Größe aufpusten und die spätere Öffnung der Laterne mit dem wasserfesten Stift auf dem Ballon vorzeichnen.

2 Das weiße Transparentpapier in etwa 5 x 5 cm große Stücke reißen. Den Kleister nach Anleitung anrühren oder ein Fertigprodukt verwenden. Ballon bis auf die Öffnung mit Kleister bestreichen und mit ungefähr 4 bis 5 Schichten der Transparentpapierschnipsel bekleben. Dabei nicht zu viel Kleister verwenden, da sich sonst der Ballon zusammenzieht. Wenn die Ballons mit Herbstblättern beklebt werden, sollten diese unter der letzten Transparentpapier-Schicht angebracht werden.

3 Den Ballon in 1 bis 2 Tagen trocknen lassen oder mit dem Föhn nachhelfen. Den Luftballon anstechen und Ballonreste entfernen. Die Öffnung mit der Schere in Form schneiden. Wie gewünscht mit Farben, Federn, Tonpapier usw. dekorieren.

4 Auf dem Laternenboden Doppelklebeband befestigen und darauf das Teelicht kleben. Nun nur noch zwei sich gegenüberliegende Löcher in den Ballonrand stechen und einen Bügel aus Draht befestigen. Als Halter dient eine Bambusstange oder ein Ast.

Dekoideen: Eule, Pinguin, Schneemann, Eisbär, Schneeflocke, Glückspilz, Sonne, Gans.

Oder schöne Herbstblätter, die man gesammelt hat, einkleistern.

Schlauchschal zum Selberstricken

Ein tolles Geschenk für die Mutter, die Schwester oder die beste Freundin. Der Verwandlungskünstler in der Lieblingsfarbe ist weich, leicht und passt im Winter zu allem.

Das brauchen Sie:
100 g pastell- oder camelfarbene Wolle aus einem Alpaka-Merino-Gemisch oder Mohair (Lauflänge ca. 200 m/25 g)
1 kurze Rundstricknadel Nr. 8

So wird's gemacht:
Zuerst fertigen Sie eine Maschenprobe an. Sie dient dazu, Ihre eigene Strickweise mit der angegebenen Maschenprobe abzustimmen. Alle Angaben in der Anleitung beziehen sich auf diese Maschenprobe, deshalb gelingt Ihr Modell nur dann, wenn Ihre Probe übereinstimmt.

Für die Maschenprobe schlagen Sie glatt rechts 11 Maschen an und stricken diese 15 Reihen hoch. Anschließend ziehen Sie die Maschenprobe glatt und messen ein Quadrat von 10 x 10 Zentimetern aus. Ist Ihre Probe zu fest (das heißt, Sie benötigen mehr Maschen und Reihen als angegeben), dann probieren Sie es mit einer dickeren Nadel noch einmal; ist Ihre Probe zu locker (das heißt, Sie benötigen weniger Maschen und Reihen als angegeben), dann brauchen Sie eine dünnere Nadel.

Geringe Abweichungen können notfalls durch mehr oder weniger Maschen und Reihen ausgeglichen werden.

Für den Schal 80 Maschen sehr locker anschlagen. Die aufgenommenen Maschen zu einer Runde schließen, also die erste aufgenommene Masche einfach rechts weiterstricken. In Runden rechte Maschen stricken, bis die gewünschte Länge erreicht ist oder das Garn zur Neige geht. Alle Maschen locker abketten: Zwei Maschen rechts stricken, danach die linke Nadel in die erste Masche, die gestrickt wurde, stecken, diese über die zweite Masche ziehen und von der Nadel fallen lassen. So fortfahren, bis keine Masche mehr vorhanden ist.

Florentiner

Für etwa 60 Stück
Zubereitungszeit: 1 Stunde

Zutaten:
280 g Haselnusskerne
80 g kandierte Kirschen
40 g Zitronat
40 g Orangeat
60 g Butter
50 g Honig
100 g brauner Zucker
2 Pck. Vanillezucker
125 g Schlagsahne
200 g gemahlene geschälte Mandeln
200 g Zartbitter-Kuvertüre

Außerdem: etwas Rapsöl, Backpapier

1 Den Backofen auf 200 °C (Umluft 180 °C) vorheizen.

2 Haselnüsse auf ein Blech geben und im Ofen 10 Minuten rösten. Den Ofen auf 180 °C (Umluft 160 °C) herunterschalten. Die heißen Nüsse auf der Arbeitsfläche mit einem Küchentuch kräftig abreiben und abkühlen lassen. Die kalten Nüsse nochmals abreiben, bis sie ganz glatt sind.

3 Kirschen in grobe Würfel schneiden. Zitronat und Orangeat fein würfeln. In einem kleinen Topf Butter, Honig, Zucker, Vanillezucker und Sahne bei mittlerer Hitze zum Kochen bringen. Gemahlene Mandeln, Haselnusskerne und kandierte Früchte untermischen und verrühren.

4 Zwei Backbleche mit Backpapier auslegen und mit 2 Teelöffeln insgesamt 60 kleine Häufchen daraufsetzen. Dabei immer etwa 7 cm Abstand halten, damit die Florentiner nicht ineinanderlaufen.

5 Florentiner etwa 5 bis 8 Minuten backen. Ein Glas über Kopf mit dem Rand in Öl tauchen und sofort nach dem Backen über jeden Florentiner stülpen, mit kreisenden Bewegungen wieder etwas zusammenschieben und in Form bringen. Anschließend die Florentiner erkalten lassen.

6 Kuvertüre hacken und nach Packungsanleitung über einem heißen Wasserbad schmelzen. Die Unterseite der Florentiner damit bestreichen und erstarren lassen.

Was der Advent bedeutet

Die Adventszeit gilt seit Papst Gregor dem Großen, einem der großen Kirchenlehrer der Spätantike (geb. um 540 in Rom, gest. am 12. März 604 in Rom), als die Zeit der Vorbereitung auf das Christfest.

Er war es auch, der die Adventsliturgie in ihren Grundzügen festlegte, in denen die vier Adventssonntage eine zentrale Rolle spielen. Die vier Wochen vor dem Heiligen Abend, an dem die Geburt Christi gefeiert wurde, standen symbolisch für 4000 Jahre. Nach kirchlicher Rechnung umfasste dies die Zeitspanne, die die Menschheit auf die Ankunft des Erlösers warten musste. Advent ist deshalb die Zeit des Wartens und der inneren Einkehr während der Vorbereitung auf die Ankunft (lateinisch: *adventus*) von Jesus Christus. Diese Wartezeit hat zweierlei Bedeutung. Zum einen sah man dem Gedächtnistag zur Geburt Jesu entgegen. Zum anderen warteten gläubige Christen darauf, dass Jesus zum zweiten Mal auf Erden erscheine – am Ende der Zeiten, zum Jüngsten Gericht. Buße, Maßhalten und wohltätige Werke sollten deshalb in dieser Zeit das Denken und Handeln der Menschen bestimmen.

Nach anderen Quellen liegt der Ursprung des Advents gute hundert Jahre früher und wird mit dem Bischof Perpetuus von Tours (460–490) verbunden. Er forderte von den Gläubigen eine achtwöchige Fastenzeit, die vom 11. November, dem Feiertag des heiligen Martin, bis zum Erscheinungsfest (Epiphanias), dem Dreikönigstag, am 6. Januar dauern sollte. An drei Tagen jeder Adventswoche sollten die Gläubigen fasten. Freudenfeste, wie z. B. Hochzeiten oder Tanzveranstaltungen, üppige Mahlzeiten sowie der Genuss von Fleisch waren an diesen Tagen verboten.

Jeder Adventssonntag hat dabei sein eigenes Gepräge und symbolisiert so die weihnachtliche Vorgeschichte: Der erste Advent ist der Beginn des Kirchenjahrs und steht gleichzeitig für den Einzug Jesu in Jerusalem. Der zweite Advent symbolisiert die Wiederkunft Christi, der dritte Adventssonntag ist Johannes dem Täufer gewidmet, dem Vorläufer Jesu. Am vierten Advent gedenken die Gläubigen der Mutter Gottes, Maria. An jedem Sonntag wird auf dem Adventskranz eine weitere Kerze entzündet.

Die Bräuche im Laufe der Adventszeit unterscheiden sich je nach Region. Besonders im ländlichen Raum in den Voralpen- und Gebirgsregionen, wo die Menschen in enger Symbiose mit und von der Natur lebten, spiegeln die Umzüge, Lieder- und Bettelgänge viele vorchristliche Traditionen wieder. Das Anklöpfeln in den sogenannten Klöpfelnächten am Andreasabend (die Nacht zum 30. November) war beispielsweise ein Brauch, um die Zukunft vorauszusagen: Klopfte man zur richtigen Zeit in der Nacht an die Stallwände, so konnte man die Tiere sprechen hören, wie sie die Toten des kommenden Jahres voraussagten. Später veränderte sich der Brauch zu Bettelgängen und dem sogenannten Gabenheischen. In Oberbayern zogen die Kinder an den letzten drei Donnerstagen vor Heiligabend nach Einbruch der Dämmerung von Haus zu Haus, klopften an die Türen und sangen Adventslieder und sprachen Segenswünsche für das kommende Jahr aus. Zur Belohnung bekamen sie Weihnachtsgebäck, Äpfel und Nüsse.

Viele der alten Sitten rund um die Raunächte (siehe auch Seite 163), den Nikolaus- oder Barbaratag drehen sich um das Licht. In den immer länger werdenden Winternächten rund um die Wintersonnwende fürchtete man die bösen Geister. In der christlichen Vorstellung mischte sich später der Glaube an die Wunderkraft der Weihnachtstage darunter. Kerzen und Kaminfeuer wehrten neben Räucherwerk und Weihwasser die Kräfte des Dunkels ab und reinigten Haus und Hof, auf dass im nächsten Jahr Wohlstand und Gesundheit herrschen sollten.

Die guten Kräfte dieser Zeit sollten dann die Jahreswende und damit einen Neuanfang einleiten. So schmückte man, lange bevor der Adventskranz Einzug in die Häuser hielt, die Zimmer mit grünen Zweigen, Fichten- und Tannenzweigen als Sinnbild der Lebenskraft, die während der kalten Jahreszeit in der Natur schläft. Auch der Eibe, dem Buchsbaum, der Mistel und der Stechpalme sprach man besondere Heil- und Wunderkräfte zu.

Auch darin liegt der tiefere Sinn der Weihnachtszeit verborgen: Mit der Feier des Geburtstags Christi wird das Licht der Welt gefeiert und an die Wintersonnwende der Weltgeschichte erinnert. Sie schenkt den Menschen zu allen Zeiten die Gewissheit, dass die dunklen Mächte der Finsternis letztlich keine Macht besitzen und dass das Licht mit Gewissheit wieder erscheint.

Advent, Advent,
ein Lichtlein brennt!
Erst eins, dann zwei, dann drei, dann vier,
dann steht das Christkind vor der Tür!

Volkstümlich

Warum wir Weihnachten am 24. Dezember feiern

Auch das Datum für unseren Heiligabend beruht auf vorchristlichen Ritualen, nämlich der Feier der Wintersonnwende. Zur Zeit des julianischen Kalenders fand diese am 25. Dezember statt, heute ist es der 21. oder 22. Dezember.

Der Tag der Sonnenwende war in vielen Kulturen eines der wichtigsten Ereignisse des Jahres. Bei den alten Ägyptern wurde die Geburt des Horus auf diesen Tag gelegt. Die Römer begingen ihre Feiern zu Ehren des Gottes Saturn an diesem Tag. Die Germanen feierten ihr Mittwinter- oder Julfest, Toten- und Fruchtbarkeitsfeier in einem.

Papst Hippolyt von Rom (ca. 170–235) versuchte um 217 diese Kulte zu beseitigen, indem er kurzerhand die Geburt Christi auf den 25. Dezember verlegte. Zur Rechtfertigung verwies er darauf, dass das Alte Testament den Erlöser als »Sonne der Gerechtigkeit« (Mal 4,20) bezeichnete. Außerdem habe sich Christus selbst das »Licht der Welt« (Joh 8,12) genannt. Zum Dogma wurde der Heilige Abend auf dem zweiten Konzil von Konstantinopel 381 unter Kaiser Theodosius.

Im 7. und 8. Jahrhundert setzte sich der Brauch dann auch in Deutschland durch. Die Mainzer Synode erklärte 813 diesen Tag offiziell zum »festum nativitas Christi«. Mit ihm begann nun das Kalenderjahr. Der 1. Januar wurde erst 800 Jahre später mit Einführung des gregorianischen Kalenders im Jahre 1582 zum Jahresbeginn.

Der Adventskranz

Der Adventskranz machte einst arme Waisenkinder glücklich: 1839 leitete der Hamburger Theologe Johann Hinrich Wichern (1808–1881) das »Rauhe Haus«. In dem alten Bauernhaus in einem kleinen Dorf vor den Toren Hamburgs brachte man Waisen und Kinder aus dem Armenviertel St. Georg unter. Eines Tages im Advent kam der Herbergsvater auf die Idee, den Kindern die Wartezeit auf den Heiligen Abend zu verdeutlichen. Zu dem Zweck schmückte er ein altes hölzernes Wagenrad mit viel Tannengrün und setzte 24 rote Kerzen darauf sowie vier weiße: für jeden Dezembertag bis zum Heiligabend eine rote und für jeden Adventssonntag eine weiße. Dabei standen die roten Kerzen symbolisch für das Blut, welches Christus für die Menschen vergossen hat.

1925 hing dann ein Adventskranz mit vier Kerzen zum ersten Mal in einer katholischen Kirche in Köln, seit 1930 auch in München. Dieser Brauch verbreitete sich schließlich in der ganzen Welt. Um 1935 wurden die ersten Adventskränze für Zuhause in den Kirchen geweiht.

Lasst uns froh und munter sein

Dann stell ich den Teller auf,
Niklaus legt gewiss was drauf.
Lustig, lustig, tralalala!
Bald ist Niklausabend da,
bald ist Niklausabend da!

Wenn ich schlaf, dann träume ich,
jetzt bringt Niklaus was für mich.
Lustig, lustig, tralalala!
Bald ist Niklausabend da,
bald ist Niklausabend da!

Wenn ich aufgestanden bin,
lauf ich schnell zum Teller hin.
Lustig, lustig, tralalala!
Bald ist Niklausabend da,
bald ist Niklausabend da!

Niklaus ist ein guter Mann,
dem man nicht g'nug danken kann!
Lustig, lustig, tralalala!
Bald ist Niklausabend da,
bald ist Niklausabend da!

Volkslied aus dem Rheinland

Matthias Claudius

Lied im Advent

Immer ein Lichtlein mehr
im Kranz, den wir gewunden,
dass er leuchte uns so sehr
durch die dunklen Stunden.

Zwei und drei und dann vier!
Rund um den Kranz welch ein Schimmer,
und so leuchten auch wir,
und so leuchtet das Zimmer.

Und so leuchtet die Welt
langsam der Weihnacht entgegen.
Und der in Händen sie hält,
weiß um den Segen!

Peter Rosegger
Die heilige Weihnachtszeit

Erster Teil

enn der Städter über Feiertage etwas Sicheres wissen will, so muss er sich bei den Bauern anfragen. Der städtische Arbeiter genießt den Feiertag, ohne viel darüber nachzugrübeln; der Bauer, der sonst nicht gerade gewohnt ist, den Grund und Zweck der Dinge zu erfassen, will jedoch wissen, warum er rastet, in die Kirche geht oder sich einen Rausch antrinkt. Er hat seine Feiertagswissenschaft und seine Feiertagsstimmung.

Ich will von mir nicht reden, sagt man, wenn man von sich selbst zu reden beginnt. Allein um das zu sagen: Ich war, solange mich die Bauernfeiertage noch etwas angingen, ein gar radikaler Patron. Mir waren der Kirchenkalender und darin die einzelnen Feste chronologisch zu sehr verschoben. Ich wollte, dass das kirchliche Jahr und das Sonnenjahr gleichen Schritt halten sollten, wie sich's auch gehört, wenn Himmel und Heiland miteinander harmonieren wollen. Da die Sonne nun aber einmal nicht nachgibt, so sollte die Kirche nachgeben. Sie hätte, wie ich einmal gelesen, ihre größten Feste ohnehin auf willkürliche Tage gesetzt. Und wenn am 22. Dezember, also an dem Tage, da die so tief gesunkene Sonne ihre Umkehr hält, schon der Advent nicht beginnen will, so hätte ich es mindestens gern gesehen, dass am selben Datum der Christtag gewesen wäre. Daran hätte sich ohne Einschub schicksam gereiht alle Feste, die sich auf die Kindheit Jesu beziehen, als das Fest der Beschneidung, der Opferung, der Heiligen Drei Könige, der Unschuldigen Kinder usw., sodass wir mit den Weihnachtsfeiertagen bequem vor dem Fasching fertig geworden wären. Nach derselben Fortsetzung aller weiteren Feste, mit denen man bis Ende Juni zurande gekommen sein würde. Die zweite Hälfte des Jahres könnte den Heiligenfesten gewidmet werden, und das Durcheinander wäre einmal nicht not! – Und die Richtigschiebung der Zeit könnte auf die einfachste Weise bewerkstelligt werden, wenn man vierzig Jahre lang den Schalttag aus dem Spiele ließe. Durch das zehnmalige Wegfallen des Schalttages wäre das bürgerliche Jahr um zehn Tage verrückt und fiele mit dem Sonnenjahr zusammen. – Ich habe diese Reformpläne auch richtig einmal meinem Beichtvater, dem guten alten Pfarrer Johann Plesch in Kathrein am Hauenstein, vorgelegt; dieser meinte, wie er die Gelehrten und auch die katholische Kirche kenne, würden sie auf eine solche Änderung nicht eingehen wollen. Es hätten die Franzosen einmal bei einer großen Revolution mit Feuer und Schwert die Sonn- und Feiertage verlegt, wäre doch aber schließlich die heilige Kirche mit ihrem alten Brauch Herr geblieben. So sollte ich als einfältiger Bauernbub von solchen Sachen hübsch still sein.

Sonach beschäftigte ich mich heute mit dem, wie es ist, und nicht mit dem, wie es sein sollte.

Die Weihnachtszeit hebt – wie die Weltgeschichte überhaupt – mit Adam und Eva an. Diese unsere lieben Eltern haben dem Kalender nach am 24. Dezember ihren Namenstag. Daher könnten schlechte Christen die Weihnachtsgeschenke auch so auslegen, als ob am Tage ihrer ersten Eltern, als am Erinnerungstage ihres eigenen Entstehens, die Menschheit mit Liebesgaben sich selber gratulierte. Weil ihr in der Tat zu gratulieren wäre, wenn sie sich täglich so benähme wie am Weihnachtsabende.

Die eigentliche Weihnachtsvorahnung beginnt mit dem »Nikolo« und vollends mit der Thomasnacht, die Christnacht und die Silvesternacht sind die Nächte der fragenden Jungfrauen. In der Thomasnacht werfen sie ihre Schuhe nach der Kammertür; bleiben die Schuhe so liegen, dass die Spitzen in die Kammer weisen, so kommt im nächsten Jahr ein Bräutigam; stehen die Schuhspitzen gegen die Tür, so kann auch einer kommen, geht aber wieder fort. In der Christnacht tragen die Jungfrauen vom Holzgelass einen Arm voll Scheiter ins Haus; sind die Scheiter paarweise, heißt das: in gerader Zahl, so wird im nächsten Jahr geheiratet. In der Neujahrsnacht endlich soll beim Bleigießen ein Figürlein die Hoffnung bestätigen. Das liebe Dirndl im Hochreithhofe! Die Schuhe versprachen ihn, die Scheiter versprachen ihn und das Blei ließ die günstige Auslegung zu. Er kam, sie saß ihm auf und – blieb sitzen. Jetzt weiß man nicht, sind die Männer nichts nutz oder die Gebräuche!

Das heilige Schauern, das am Christabend durch die Welt geht, empfindet auch der Bauer. Auch ihm wird warm. Ist's doch, als ob an diesem Tage die Naturgesetze andere geworden wären. Fast bangt man um das Gleichgewicht der Welt, da so plötzlich alles Freude ist und überall die Charitas herrscht.

Zum Glück ist der Tag bald vorüber, dem großen Feste ducken sich St. Stefan und Johannes an; der Erstere will als Erzmärtyrer an der Weihnachtsfeier Anteil haben, der Letztere beruft sich auf seine besondere Freundschaft mit dem Heiland; der Erstere macht sich bei den Bauern durch sein Stefaniewasser wichtig, der Letztere weiß sich mit dem Johanneswein einzuschmeicheln – aber zu dem eigentlichen Weihnachtsgefolge gehört keiner von beiden. Erst der Unschuldige Kindertag ist wieder echt; er bringt in den süßen Weihnachtsfrieden die schreckbare Kunde von dem Kindermassenmord des Herodes. Das Volk feiert dieses Gedächtnis durch Rutenstreiche, mit denen eins das andere am Morgen des achtundzwanzigsten Tages im Dezember unter den Worten: »Frisch und gesund!« aus dem Bette peitscht.

Nach den unschuldigen Kindern kommt ein heiliger Thomas, geborener Londoner, ein Bischof zu Kandelberg, der sich so wacker und unbiegsam den Staatsgesetzen seines Vaterlandes widersetzt hatte, dass ihn die Kirche heiliggesprochen. Unsere Bauern nenne den Mann »Thoma Windfeier« und sagen, wenn sie an diesem Tage nicht arbeiten, so werden sie im kommenden Jahre von kalten Winden und Stürmen verschont bleiben. Sie machen daraus den fünften Weihnachtsfeiertag.

Als sechster folgt einer aus dem Alten Testament – ein berühmter Poet und Saitenspieler –, der liebenswürdige König David. Der alte Herr hat in der Tat auch ein Recht, Weihnachtsbesuch zu machen bei dem Kinde, das ja seinem – dem Geschlechte Davids entstammt.

Heiligen-Legenden ignorieren den Alten und protegieren an diesem Tage die heilige Witwe Melania. Von dieser Witwe steht's in der Hauspostille des Bauers gar schon zu lesen: Sie war eine reiche Römerin, aus Liebe zu Gott etwas störrig gegen ihren Mann, bis sie dann beide ins Kloster gingen, wo der Gatte bald starb, Melania sich jedoch den göttlichen Wissenschaften hingab und mit großer Beredsamkeit der Frauen gegen die Irrlehren kämpfte. Vor so einer muss der jüdische Harfenist freilich zurückstehen.

Endlich ist Silvester da. Dieser Mann war bekanntlich römischer Papst; er hatte stark mit den Juden zu kämpfen. Ich erinnere mich an ein Geschichtlein. Eines Tages brachten die Juden einen wilden Ochsen zu ihm und sagten: Der Name ihres Gottes sei so groß und schrecklich, dass, wenn sie selben dem Ochsen ins Ohr sagten, das Tier auf der Stelle tot zusammenstürzen müsse. Der Papst ließ es auf eine Probe ankommen, und in der Tat, der Ochse fiel bei der Nennung des Judengottes um und war tot. Nun sagte der Papst Silvester: »Wenn der Name eures Gottes so schrecklich ist, ein Tier zu töten, so ist der Name des meinen so mächtig, es wieder zum Leben zu erwecken.« Er rief das Wort aus – und das Tier wurde wieder lebendig.

Indes hat Silvester seine große Berühmtheit weniger dieser Auferweckung zu danken als dem Umstand, dass er der Schlusswart des Jahres geworden ist. Das ist aber beziehungsweise seit kurzer Zeit; erst im Jahre 1583, also vor dreihundert Jahren, hat der gregorianische Kalender im katholischen Deutschland Eingang gefunden, wonach Silvester als Torschließer angestellt wurde und als solcher mancherlei Gratifikation bezieht.

Das Neujahrsfest ist der achte in der Reihe der Weihnachtsfeiertage. An diesem Tage schiebt der Bauer seinem Vaterunser folgenden Satz an: »Wölln Gott bittn um a glückseliges neus Jahr; und dass er 's verflossni Johr glücksäli g'schenkt hot, donksogn!« Der Kracher Martin auf der Niederlenthen ist so gottergeben zufrieden, dass er, als ihm in einem Jahr ein reicher Oheim, zwei Weiber und eine Schwiegermutter starben, in dem Satz des darauffolgenden Neujahrsgebetes: »'s verflossni Johr glückseli g'schenkt hot, donksogn!« nicht eine Silbe änderte.

Nun kommen vier Werktage, die aber, weil sie noch in der Weihnachtszeit liegen, eine gewisse Ausnahmestellung genießen; es soll in denselben weder gedroschen noch gesponnen werden. Der Abend des 5. Jänner gebärdet sich, als ob mit ihm das hohe Fest von Neuem beginnen wollte. Wie am Christ- und am Silvesterabend, so geht der Bauer mit dem Weihrauchgefäß und dem Sprengwedel durch Haus und Hof; nur der Unterschied, dass er diesmal mit der Kreide an jede Tür und jedes Tor drei Kreuze zeichnet und auf die Türstirne seiner Stube oder den Trambaum folgende Zeichen malt: C + M + B. Mancher, der's leider selber nicht kann, entlehnt sich irgendwo einen Schriftgelehrten, der ihm die »Heiligen Drei Könige« aufschreibt.

Mich ließ einst für dieses Geschäft unsere Nachbarin, die alte Riegelbergerin, holen; nun war im Hause ein Stück Kreide von der Größe einer Erbse, sodass ich es kaum zwischen den Fingern zu halten vermochte. Das C und das M gelangen mit Mühe, dann sprang das weiße Körnchen plötzlich ab, verkollerte sich auf dem Fletz und war nicht mehr zu finden. Was jetzt? Ich zeichnete das B mit einem Stück Holzkohle. Die Riegelbergerin erschrak, denn gerade als Schutz gegen den »Schwarzen« hatte sie sich die heiligen Zeichen machen lassen. Fragte ich denn, ob sie diese Sache je mit besserem Schick und Sinn ausgeführt gesehen? Ob sie nie etwas davon gehört, von den Heiligen Drei Königen der eine der Balthasar, ein Mohr gewesen?

Der Ausspruch hat mir ein Stück Kletzenbrot eingetragen; was weiter war, weiß ich nicht mehr.

enn ihr brave Kinder wäret, meine lieben Leser, ich würde euch viel Anmutiges erzählen von den Heiligen Drei Königen. Es sollen, sagt eine Auslegung, nicht sowohl Könige als Weise gewesen sein, aber man hat erwogen, dass man vor dem Volke mit goldschimmernden Königen mehr Ehre einlegt als mit Weisen.

Der Prophet Balaam hatte einst gesagt: Es wird aus dem Reiche Jakobs ein Stern aufgehen, und der wird einen mächtigen König bedeuten über Juden und Heiden. Hierauf stellten die Heiden Wächter auf einen Berg, den Stern zu erspähen, und diese wachten anderthalbtausend Jahre. Aber in einer Nacht, da von der Wüste der warme Hauch heranwehte und aus der Ferne das Meer rauschte, schliefen sie ein. Da ging der Stern auf. Das kündeten sie den Ländern. Und hierauf machten sich drei Könige auf den Weg, den Stern zu suchen. Es war nächtig und der Stern zuckte vor ihnen über den Erdeboden dahin, und weil sie Weise waren, so gingen sie dem neuen, unbekannten Lichte nach, Tage und Tage lang; es gesellten sich ihnen auch andere Könige und Herren bei mit großem Gefolge, bis sie in die Stadt Jerusalem kamen. In dieser Stadt sprachen sie beim Herodes vor, fragend, wo der große König sei, auf den der Stern deute? Der Judenkönig heehrte die Gäste mit Pomp und antwortete: Der große König sei er selber und einen andern kenne er nicht in diesem Lande. Sie möchten aber suchen, fänden sie einen, der größer wäre als er, so sollten sie es ihn wissen lassen, dann sei er der Erste, der sich neige. – Sie wanderten weiter. Der Stern glühte über die Auen dahin und stand still über einem Dache, das eine reisende Handwerksfamilie barg. Und ein Kindlein war da in der größten Armut und Bedürfnislosigkeit und hatte helle, freundliche Augen. Die Könige, da sie müde waren und nicht mehr hoffen konnten, den Gesuchten zu finden, legten ihre besten Gaben dem Kinde hin. Aber die armen Leute sagten: »Wozu brauchen wir euer Gold, euren Weihrauch, Eure Myrrhen? Die Erde ist unser Bett, der Himmel ist unser Hut. Dieses Kind, welches so hablos ist, dass wir es auf das Heu des Rindes legen mussten, ist nicht gekommen zu empfangen, es ist gekommen zu geben.«

Da flüsterten die Könige zueinander: »Wir haben ihn gefunden. Lasst es uns eilig dem Herrn Bruder melden!« Einer von ihnen, der schwarz an Farbe war, gab die

Meinung ab, Herodes scheine nicht dazu angetan, sich in seinem Lande vor einem andern zu beugen. Es würde klug sein, ihm das Kind nicht zu verraten. Sie kehrten auf anderen Wege in ihre Länder zurück. – Herodes hatte trotzdem erfahren, dass sich unter den kleinen Kindern zu Bethlehem eines befinde, das nach der Weissagung der Juden größter König werden würde, und da es ihm nicht gelang, dasselbe herauszufinden, so ließ er in und um Bethlehem alle Knaben ermorden. –

Schlaft ihr? Oder weint ihr? Oder belächelt ihr den Erzähler? Ach, ihr habt die Botschaft schon allzu oft und in allzu absichtlicher Weise gehört, um die göttliche Lieblichkeit und wilde Größe, die darinnenliegt, noch zu empfinden! Von den drei wirklichen Weihnachtsfesten – der Geburt, der Beschneidung und der Erscheinung der Könige – birgt das Letztere den grandiosesten Inhalt, die unbegreiflichsten Wunder. Warum kamen die mächtigsten Herren und knieten vor dem armen Kinde? Weil sie Weise waren. Als ob sie wussten, dass sich im Wohlleben und Prunk kein Gottmensch entwickeln kann, dass die Armut und die Einsamkeit und die Verlassenheit, und alles Liebe und alles Leid des Volkes, dazugehört, einen groß angelegten Menschen zu einem Heros und Erlöser zu machen.

Wenn ich wieder einmal auf der Tenne stehen sollte und den Korngaben predigen, wie einst als zehn- bis vierzehnjähriger Junge, da ich den Strohköpfen die Weihnachtspredigten hielt, bis mir unser Knecht Markus einmal im Vertrauen mitteilte, ich sei der schönste Pfaff für die Hauskapelle in einem Narrenturm – wenn ich wieder einmal so vor Strohköpfen predigen sollte (kein Mensch kann's wissen, was ihm bevorsteht), ich wollte die Geschichte von den drei heiligen Königen und ihrem Stern so verwegen ausspinnen, wie ich es an dieser Stelle nicht tun darf.

Am zweiten Tage nach Heiligen-Drei-König ist das Gedächtnis des heiligen Erhard, der im steirischen »Mannelkalender« mit einem Bischofsstabe und einer Holzaxt angedeutet steht.

Die Legende erzählt, dass die Holzaxt das Marterwerkzeug wäre, mit welchem der heilige Bischof getötet worden sei; aber der Bauer weiß es, dass Sankt Erhard die Axt hat, um damit endlich die Weihnachtsfeiertage abzuhacken, nachdem solche mit leichten Unterbrechungen zwei volle Wochen gedauert haben. Andere Auslegungen sind, dass Erhard mit der Axt die eingeeisten Mühlräder enteisen und dann in den Wald Brennholz hacken gehen will.

Und so ist Werktagzeit geworden. In der Kirche klingt die Weihnachtsstimmung noch bis Maria Lichtmess fort. Hier außen tobt der Karneval; wer nicht arbeitet und nicht betet, der mag tanzen, der Erdeboden ist eingeölt, der Himmel drückt ein Auge zu.

Und mich wollen jetzt, da ich diese Betrachtung beschließe, die Prosanen haben und die Frommen. Beide, um mich zu verbrennen. Ich entschlüpfe den geringen Krallen wie ein Schmetterling. Ich liebe die Blumen. Und die holde, die selige Weihnachtszeit mit ihren heiligen Mythen ist eine Blume mitten im Winter des Jahres und des Lebens – eine Blume, die an meinem Busen blühen möge, wenn ich freie und wenn ich sterbe. Oder weiß einer von euch Frommen und Prosanen im Himmel und auf Erden Schöneres zu denken als eine junge keusche Mutter mit dem Kinde? Als ein Kind, das mit dem Fleisch gewordenen Wort: »Tue Gutes denen, die dich hassen; liebe deinen Nächsten wie dich selbst« die Welt erlösen will?

Zweiter Teil

ber der Waldlandschaft liegt eine starre, blasse Winternacht. Am Himmel steht der Mond, aber der Schnee auf den Fichtenbäumen flimmert nicht, denn der Mond und die Sterne sind durch eine matte Wolkenschicht verdeckt. In solcher Dämmerung sind die Höhenrücken und die Täler und Schluchten nur unbestimmt zu sehen, hier ragen die schwarzen Zacken der Bäume schärfer auf, weiterhin verschwimmen die Umrisse der Berge und Bäume teils in Frohlust, teils im Schleier eines sachte beginnenden Schneiens. Durch diese Nacht zittert ein Klingen. Es kommt von allen Seiten her, es ist, als ob die Schneeflocken in der Luft klängen. Es steigt von den Tälern herauf, wo Dörfer und Kirchen stehen, es sind die Glocken der heiligen Weihnacht.

Welch eine wunderbare Erscheinung an diesem Tage! Wenn eines Tages am Himmel zwei Sonnen stehen, so ist das Wunder nicht größer als jenes, das sich am Weihnachtsfeste vollzieht. Das ist ein Tag, an welchem von all den eigennützigen Menschen keiner an sich, jeder an andere denkt. Einer den andern mit Freuden zu überraschen, mit Gaben zu überhäufen, das ist das Ziel dieses Tages. Es ist kalter Winter, aber keinen friert, denn die Kerzen sind warm. Es gibt heimliche Arbeit Tag und Nacht, keiner ermüdet, keinen hungert, die Liebe zum Mitmenschen stärkt und sättigt alle. Es ist, als ob die Naturgesetze andere wären, und fast bangt man um das Gleichgewicht der Welt, da so plötzlich alles in Freude ist, da so plötzlich die Allgewalt der Charitas herrscht. Wenn ich am Morgen des Weihnachtsabends erwache und mein Auge auf den Christbaum fällt, der in Erwartung der nahen Jubelstunde still auf dem weiß gedeckten Tische steht, da werden mir die Augen feucht. O Weihnachtsfest, das du die Herzen der Menschen erweckest und mit himmlischem Maienhauch die Erde zum Heiligtum wandelst, sei gegrüßt! Sei gegrüßt, du göttliches, du unbegreifliches Weihnachtsfest.

Der heilige Abend und der Christtag! Zwei Tage haben wir im Jahre, an welchem die Liebe herrscht, die vor nahezu zweitausend Jahren der Heiland geoffenbart hat. Wenn jedes neue Jahrtausend auch nur einen Tag der selbstlosen Liebe in das Jahr dazulegte, so brauchen wir nur mehr dreihundertdreiundsechzigtausend Jahre, bis die Erde – vorausgesetzt, dass sie so lange das Leben hat – ein Himmelreich ist.

Übrigens, wenn manche Leute das, was sie für den »Himmel« tun, ohne dass die Mitmenschen davon einen Vorteil haben, für diese Welt und ihre Bewohner üben wollten, wir kämen noch um ein Bedeutendes früher zum heiß ersehnten Reiche Gottes auf Erden. – Ihr kennt die Geschichte, wie der arme Gregor hinausging in den Wald, um für seine lieben Kinder ein Christbäumchen zu holen. Dabei ergriff ihn der Förster und ließ ihn als einen Dieb und Waldfrevler sofort in den Arrest stecken. Das bürgerliche Gesetzbuch sagt, der Förster hätte recht getan. Das ist mir schon ein Verdächtiger, der immer nur aufs bürgerliche Gesetzbuch schaut und auf nichts anderes. Wir tragen ein anderes Gesetzbuch in unserem Herzen. Als ich einst in jungen Jahren aus dem Waldhause in die Fremde ging, unwissend und unerfahren, nahm mich meine Mutter an der Hand und sagte: »Peter, wenn du einmal einem anderen etwas tun willst und weißt nicht, ob's recht oder unrecht ist, so mache auf ein Vaterunser lang die Augen zu und denk, du wärest der andere.« – Da habt ihr das Evangelium, den Katechismus und das bürgerliche Gesetzbuch in wenigen Worten beisammen.

Finden denn die Weihnachtsglocken nimmer Harmonie in unserer Seele? Heute ausgelassene Schenkfreude, morgen wieder Lieblosigkeit. Wäre denn die Treue, das herzliche Anschließen des Menschen nicht selbstverständlich auf dieser Welt, wo die Elemente jede Stunde tausend Waffen gegen uns bereithalten? Wahrlich, es ist nicht klug, sich Feinde zu schaffen unter den Brüdern und hohlen Phantomen nachzujagen und Herzen zu verwunden die kurze Zeit, da wir das Sonnenlicht schauen über den Gräbern. Die Lichter am Weihnachtsbaum, sie brennen genauso feierlich ernst und still wie jene dereinst an der Totenbahre!

Bauernregeln im Advent

Dezember ohne Schnee
tut erst im Märzen weh.

Kalt Dezember und fruchtbar Jahr
sind vereinigt immerdar.

Fließt im Dezember noch der Birkensaft,
dann kriegt der Winter keine Kraft.

1. Dezember
Fällt auf Eligius ein kalter Wintertag,
die Kälte vier Monate dauern mag.

6. Dezember
Regnet's an St. Nikolaus,
wird der Winter streng und graus.

13. Dezember
Wenn zu Luzia die Gans geht im Dreck,
so geht sie am Christtag auf Eis.

21. Dezember
Wenn St. Thomas dunkel war,
gibt's ein schönes neues Jahr.

Advent

Es treibt der Wind im Winterwalde
die Flockenherde wie ein Hirt,
und manche Tanne ahnt,
wie balde
sie fromm und lichterheilig wird,
und lauscht hinaus.

Den weißen Wegen
streckt sie die Zweige hin – bereit,
und wehrt dem Wind und wächst entgegen
der einen Nacht der Herrlichkeit.

Weihnachts-türkranz

Das brauchen Sie:
Kiefernzweige
Tannenzweige
Koniferenzweige
Wacholderzweige
(alle Zweige jeweils 10–15 cm lang)
Bindedraht
Zange und Drahtschneider
Strohrömerkranz
Heißklebepistole
getrocknete Orangenscheiben
Zimtstangen
Tannen- und andere Zapfen
Nüsse
Stoffdekoband
Bouillondraht

So wird's gemacht:

1 Verbinden Sie durch einen Knoten den Draht mit dem Kranz. Legen Sie nun ein paar Zweige darauf und wickeln Sie den Draht von innen nach außen um die Zweige.

2 Drehen Sie den Kranz im Uhrzeigersinn und legen Sie dabei immer wieder neue Zweige auf. Dabei bedecken Sie den Draht der unteren Zweige mit frischen Zweigen. So fahren Sie fort, bis der ganze Kranz bedeckt ist. Die letzten Zweigenden kommen dabei unter der ersten Schicht Zweige zu liegen.

3 Mit Heißkleber können Sie nun den Kranz nach Geschmack dekorieren. Zum Schluss binden Sie eine große Schleife an den Kranz. Befestigt wird der Kranz mit einem dünnen Draht oder dem Schleifenband.

Gerdt von Bassewitz
Peterchens Mondfahrt

Die Weihnachtswiese

Hier waren noch niemals Kinder gewesen; es war ein unbeschreibliches Glück für die beiden kleinen Reisenden, dass ihnen die Nachtfee erlaubte, dies zu sehen. Der Maikäfer durfte übrigens auch mit, denn es wäre doch leicht möglich gewesen, dass der große Bär ihn tottrat oder vielleicht gar auffraß, wenn er mit ihm eine Weile allein geblieben wäre. Ganz bescheiden krabbelte also der Sumsemann hinter den dreien her, als sie nun auf einem Goldkieswege zwischen kleinen, grünen Tannenbäumchen weiterschritten. Die Luft war erfüllt von herrlichem Kuchenduft. Alle Kuchen der Welt schienen hier zu sein – besonders nach Pfefferkuchen roch es. Ein warmer, leiser Wind, der in den Zweigen der kleinen Tannen säuselte, trug ihnen diesen prächtigen Duft zu. Selbst das Sandmännchen bekam davon Kuchenappetit; es wischte sich den Mund sehr umständlich und tat so, als ob es niesen müsste, damit man's nicht merken sollte. Der Weg, auf dem sie durch das Tannenwäldchen gingen, war mit vergoldetem Schokoladenplätzchenkies bestreut. Das roch natürlich auch gut. Anneliese schnabulierte schnell mal ein Plätzchen, und Peterchen auch. Wirklich, es waren Schokoladenplätzchen! – und was für welche! – hmmm!

Nun waren sie aus dem Wäldchen heraus. Einen Augenblick blieben sie stehen, vor Erstaunen ganz starr über das, was sie jetzt vor sich sahen. Kein Traum hätte jemals etwas so Schönes zaubern können!

Eine weite, weite Landschaft lag vor ihnen: Gärten und Felder, Wälder und Wiesen, Hügel und Täler, Bäche und Seen, von einem goldenen Himmel hoch überspannt. Eine Spielzeuglandschaft war es, die fast so aussah wie eine richtige Landschaft; und doch anders, ganz anders – viel, viel zauberhafter. Nicht wie in einer gewöhnlichen Landschaft wuchsen da Kartoffeln oder Bohnen, Gras oder Klee, sondern hier wuchs das Spielzeug. Alles, was man sich nur irgend denken kann, wuchs hier; von den Soldaten bis zu den Püppchen und Hampelmännern, von den Murmelkugeln bis zu den Luftballons. Auf bunten Feldern und Wiesen, in niedlichen grünen Gärten, an Sträuchern und Bäumchen, überall sprosste, blühte und reifte es.

    Eine Bilderbücherwiese war da, auf der alle Bilderbücher wie Gemüse wuchsen. Das sah sehr bunt und vergnügt aus; manche waren noch nicht entfaltet und wie Knospen in ihren Hüllen, kleine Rollen in allen Farben; manche waren schon auf, schaukelten im Winde und blätterten um. Daneben sah man Beete mit Trompeten und Trommeln. Wie Kürbisse und Gurken kamen sie aus der Erde hervor. Nicht weit davon waren große Rasenfelder mit Soldaten bewachsen, die zum Teil schon weit aus der Erde herausguckten, zum Teil noch bis an den Hals darin steckten oder erst mit der Helmspitze hervorsahen wie kleine Spargel. Dann war ein Feld dort, auf dem die Petzbären wuchsen. Ein kleiner grüner Zaun lief ringsherum, denn einige von den drolligen Tierchen waren schon reif, von ihren Wurzeln los und purzelten quiekend herum. Auf der andern Seite wieder waren Gärten mit großen und kleinen Sträuchern, an denen Bonbons in allen Farben und Größen wuchsen. Kleine Teiche von roter und gelber Limonade glänzten zwischen Schilfwiesen, in denen aus den raschelnden Halmen silbrige Schilfkeulen wuchsen – die Zeppelinballons, niedliche, summende Flugmaschinen flogen dort als Libellen herum. Ganz besonders schön waren auch die großen Tannen, an denen die vergoldeten Äpfel und Nüsse wuchsen, und die Pfefferkuchenbäume. Sie standen meistens in Gruppen auf kleinen, runden Plätzen mit Krachmandelkies. Überall hörte man in Bäumchen und Sträuchern eine süße Zwitschermusik. Die kam von den bunten Spielzeugvögelchen, die zwischen Pfefferkuchenzweigen und Bonbonknospen herumhuschten. Sie hatten dort ihre Nesterchen, in denen sie fleißig Pfefferminzplätzchen legten. Viele brüteten auch, damit noch mehr Vögelchen zu Weihnachten auskröchen. Sie sind ja sehr beliebt bei den Kindern auf der Erde; besonders wenn sie mit Plätzchen gefüllt sind – man weiß das. Das Schönste aber, was man hier sehen konnte, war eigentlich der Puppengarten. Ein ganzer Wald von bunten Büschen und Bäumchen auf grünem Sammetrasen, von einem goldenen Zaun umgeben. An den Büschen und Bäumchen saßen Tausende und Abertausende von Puppen und Püppchen. Wie kleine Blumen wuchsen sie an den Zweigen; zuerst nur Knospen von Sammet oder Seide, dann Blümchen mit kleinen Gesichtern in der Mitte und dann endlich Püppchen oder Puppen mit Haar, Schuhen und Schleifen in allen Größen und Farben. An feinen, silbernen Stielen hingen sie von den Zweigen und konnten abgepflückt werden. Ein kleiner See war auch im Puppengarten, ganz bedeckt mit wunderschönen Wasserrosen. Wenn die aufblühten und ihre weißen oder gelben seidenen Blätter auseinanderfalteten, so gab es einen kleinen, klingenden Knall, und in der offenen Blume lag ein rosiges Badepüppchen. Sehr lustig war das!

Ja, und dann gab's noch so einen kleinen, seltsamen Wald, ein wenig versteckt in einem tieferen Tal, so seitwärts, hinter einer Marzipanschweinezüchterei. Ganz kahl war's da, ohne ein Blättchen; nur Bäumchen mit Ruten. Immerfort pfiff ein Wind, dass die Ruten sich bogen. Kein Vögelchen zwitscherte, kein Flugmaschinchen summte; es war nicht sehr freundlich in dem Wald. Man brauchte ihn eigentlich auch gar nicht zu bemerken, so versteckt lag er. Aber er war doch da auf der Weihnachtswiese – der Rutenwald.

Man kann sich wohl denken, wie den Kindern zumute war, als sie alle diese zauberhaften Dinge sahen, während sie an der Hand des Sandmännchens über Krachmandel- und Schokoladenwege, über Zuckerbrücken und Marzipanstraßen hinwanderten zu einem kleinen, sanft leuchtenden Berge, der die Mitte des Ganzen bildete. Dort liefen alle Wege und Straßen zusammen auf einen, von Tannenbäumchen umhegten Platz. Auf diesem Platze aber – ja, das war das Allerschönste! – stand die goldene Wiege des Christkindchens. Neben der Wiege, auf einem schönen, himmelblauen Großvaterstuhl, saß der Weihnachtsmann in seinem pelzverbrämten Rock mit einer silbergrauen Pudelmütze und schneeweißem Bart. Er hatte eine lange, schöne Pfeife mit bunten Troddeln im Munde, aus der er ab und zu großmächtige Wolken in die Luft paffte. Dazu wiegte er leise die goldene Wiege, und über der Wiege schwebte still ein leuchtender Heiligenschein. Es war sehr feierlich, es war sehr schön!

Nun sah der Weihnachtsmann die kleinen Besucher, die da ankamen. Ein freundliches Lächeln huschte über sein Gesicht – er wusste schon Bescheid –, stand auf, kam ihnen entgegen und sagte:

»Ei, ei, das ist mir eine Freude!
Guten Tag, ihr lieben Kinderchen beide,
und Sandmännchen und Maikäfermann;
willkommen hier auf der Weihnachtswiese!«

Und dann gab er den Kindern die Hand. Peterchen war noch ein wenig schüchtern und Anneliese erst recht; es war auch wirklich ein sehr feierlicher Augenblick. Aber der gute Weihnachtsmann streichelte ihnen die Köpfe und die Bäckchen und sagte:

»Nun Peterchen? – Nun Anneliese? –
Jaja, ich kenn euch, wisst ihr's nicht mehr?
Ich kenne euch gut, noch von Weihnachten her!
Artig wart ihr alle beide;
ich weiß es, ihr macht eurem Mütterchen Freude.«

Die Kinder erinnerten sich natürlich ganz genau, wie der Weihnachtsmann damals gekommen war mit Nüssen und Äpfeln und das Weihnachtsbäumchen gebracht hatte. Wahrscheinlich hatte er auch die vielen anderen schönen Sachen gebracht, die nachher auf dem Weihnachtstisch lagen. Das dachten sie sich jetzt, nachdem sie gesehen hatten, dass hier alles Spielzeug wuchs. Der Weihnachtsmann hatte nämlich damals lange mit Muttchen gesprochen, nachdem sie ihren Spruch schön hergesagt hatten, und dann aus einem großmächtigen Sack, der ihm über den Rücken hing, alles Mögliche herausgenommen. Muttchen hatte das schnell in die Weihnachtsstube gebracht; dann hatte der Weihnachtsmann genickt, genauso freundlich wie jetzt, und war verschwunden. Natürlich kannten sie ihn!

Und so fasste Peterchen sich Mut, erzählte, was er vom vorigen Weihnachten wusste, und Anneliese nickte eifrig mit dem Kopf dazu. Ja, es stimmte! Der Weihnachtsmann bestätigte alles so freundlich, dass die Kinder jede Scheu verloren und sich zutraulich an ihn drängten.

Ein sehr spaßiges Männchen sprang da noch mit einer kleinen Gießkanne bei den Weihnachtsbäumen herum und begoss immerfort. Dazu sang es mit seinem dünnen Stimmchen:

»O Tannebaum, o Tannebaum,
wie grün sind deine Blätter!
Du grünst nicht nur zur Sommerszeit,
nein auch im Winter, wenn es schneit.
O Tannebaum, o Tannebaum,
wie grün sind deine Blätter!«

Peterchen musste plötzlich laut lachen. Der Weihnachtsmann aber erklärte, dies sei das Pfefferkuchenmännchen, sein Gehilfe, der schrecklich viel zu tun hätte mit dem Begießen und Pflegen all der schönen Sachen. Davon wäre er zu Weihnachten so mürbe und braun. Das Männchen sprang zwischen den Bäumchen herum wie ein kleiner Floh und begoss – mit Zuckerwasser!!

Am meisten aber waren die Kinder jetzt neugierig auf das Christkindchen. Auf den Zehenspitzen schlichen sie näher; denn der Weihnachtsmann sagte:

»Es schläft, um sich das Herz zu stärken,
zu allen seinen Liebeswerken.
Derweil muss ich es wiegen und warten
hier oben im stillen Weihnachtsgarten.
Und wenn unsre Stunde gekommen ist,
in der Winterszeit, zum heiligen Christ,
dann weck ich es ganz leise, leise,
und wir machen uns auf die weite Reise
durch Nacht und Wälder, durch Schnee und Wind,
dorthin, wo artige Kinder sind.«

Ja, da lag es, tief in den schneeweißen Kissen, mit goldblonden, strahlenden Locken und schlief. Die Kinder falteten leise die Hände und knieten ganz von selbst neben der Wiege nieder, so schön und so heilig war es. Als sie aber niederknieten, kniete auch der Weihnachtsmann und das Pfefferkuchenmännchen mit ihnen. In demselben Augenblick ging ein wundersames Klingen durch die Luft, als sängen tausend kleine Weihnachtsengelchen das Weihnachtslied. Als Anneliese und Peterchen es hörten, sangen sie unverzagt mit, und ihre Stimmen klangen so schön mit den Engelstimmchen zusammen, dass sie ganz glücklich waren. Während des Gesanges aber fiel vom Himmel herab ein goldener Schnee, der duftete schöner als alle Blumen der Welt. Auf allen Bäumen und Bäumchen ringsum glühten Lichterchen auf, und große Sterne strahlten vom Wipfel jeder Tanne im Garten. Himmelsschön war es eigentlich und gar nicht zu beschreiben. Es war aber schon wieder Zeit zur Reise. Das Sandmännchen winkte zum Aufbruch, und von fernher hörte man auch den Bären brummen und stampfen, der ungeduldig wurde wie ein Pferdchen, das nicht mehr warten will. So gaben die Kinder dem Weihnachtsmann die Hand und bedankten sich sehr schön. Der lachte freundlich und steckte schnell noch jedem ein ganz frisches Pfefferkuchenpäckchen ins Körbchen. Dann nickte er dem Sandmännchen zu, setzte sich in seinen Großvaterstuhl, paffte riesengroße, steingraue Wolken aus der Pfeife und wiegte das heilige Kindchen. Dazu sprang das Pfefferkuchenmännchen im Hintergrunde zwischen den Tannen herum, begoss und sang sein Liedchen. So war alles wieder wie vorher. Die drei Abenteurer aber eilten mit dem Sandmännchen zum Eingangstor zurück, über die Zuckerbrücken und Schokoladenwege, schnell, schnell!

Besonders der Sumsemann hatte es eilig dabei, denn ihm hatte es am wenigsten gut gefallen. Gar nichts war da gewesen für ihn! Lauter Zucker, Marzipan, Mandeln, Rosinen, Limonade, Schokolade! Kein Blättchen gab's, nur Tannen, Bonbonsträucher und Pfefferkuchenbäume – brrrrrrr!! Nein, solche Gegend passte ihm nicht!

Er hatte allerdings einen Kameraden gefunden, einen Spielzeugmaikäfer. Aber als er sich ihm vorstellte, wie sich das gehört, hatte der Kerl bloß gerasselt und geklappert mit seinen Beinen und Flügeln; nicht einmal anständig summen konnte er. Natürlich, er war aus Blech und hatte statt eines klopfenden, ritterlichen Käferherzens nur ein paar blecherne Räder und eine Uhrfeder in der Brust. Aber sechs Beinchen hatte dieser Blechkerl! Das war wirklich ärgerlich! Er, ein echter Maikäfer, wurde von dem Rasselfritzen mit einem Beinchen übertroffen. So packte ihn wieder die grimmigste Sehnsucht nach seinem Beinchen, und emsig, wie ein Feuerwehrmann, wenn's brennt, lief er neben den Kindern her. Endlich ging's ja zum Beinchen, zum Mondberg, zur Erfüllung des großen Wunsches der Sumsemänner!

Da taten sich vor ihnen auch schon die Tore auseinander, der Bär stand schnaufend zum Ritt bereit und schüttelte vor Freude den dicken Kopf, dass seine kleinen Reiter wieder da waren. Schnell saßen sie auf seinem Rücken im weichen Fell. Vor ihnen lag die weite Mondlandschaft, hinter ihnen schlossen sich leise die Tore der Weihnachtswiese, und ... fort ging's über den watteweißen, sonderbar schimmernden Boden des Mondes, dem großen Berg zu, der mit seinen seltsamen Formen wie ein riesenhafter Schlagsahnenkegel vor ihnen in der Ferne lag.

(Auszug)

Bratapfel mit Schokolade

Für 4 Stück
Zubereitungszeit: 30 Minuten
Backzeit: 30 Minuten

Zutaten:
4 große säuerliche Äpfel (z. B. Boskoop)
1 EL Butter
200 ml Apfelsaft
100 g dunkle Schokolade
100 g Sahne
1 EL Honig
½ TL Lebkuchengewürz
50 g gemahlene geschälte Mandeln
30 g Mandelstifte

1 Die Äpfel waschen, abtrocknen und jeweils den Deckel abschneiden. Dann die Früchte mit einem Kugelausstecher oder Teelöffel aushöhlen.

2 Währenddessen in einem kleinen Topf die Butter schmelzen lassen und die Äpfel außen sowie die Deckel mit Butter einpinseln. Die Äpfel in eine Auflaufform setzen und die Deckel mit hineinlegen. Den Apfelsaft um die Äpfel gießen. Den Backofen auf 180 °C (Umluft 160 °C) vorheizen.

3 Die Schokolade grob hacken. In einem kleinen Topf die Sahne, den Honig und das Lebkuchengewürz erhitzen und die Schokolade darin schmelzen. Die gemahlenen Mandeln und die Mandelstifte in die Mischung geben und unterrühren. Die Schoko-Mandel-Sahne in die Äpfel gießen.

4 Im Backofen 25 bis 30 Minuten backen. Die Deckel auf die Äpfel legen und heiß servieren.

Nach Belieben mit heißer Vanillesahne (aus 250 g steif geschlagener Sahne mit dem Mark von ½ Vanilleschote und 1 EL Puderzucker) servieren.

Vanillekipferl

Für etwa 70 Stück
Kühlzeit: 2 Stunden
Zubereitungszeit: 1 Stunde

Zutaten
Mark von 1 Vanilleschote
300 g Mehl
80 g Zucker
175 g kalte Butter
2 Eigelb
100 g gemahlene geschälte Mandeln
1 Prise Salz
10 Pck. Vanillezucker zum Wälzen

Außerdem: Frischhaltefolie, Backpapier

1 Die Vanilleschote mit einem scharfen Messer längs halbieren und mit dem Messerrücken das Mark herauskratzen. In einer großen Schüssel Vanillemark, Mehl, Zucker, Butterflöckchen, Eigelbe, Mandeln und Salz zuerst mit den Knethaken des Handrührgeräts, dann mit den Händen zu einem glatten Teig verkneten.

2 Aus dem Teig 2 lange Rollen formen und in Frischhaltefolie gewickelt mindestens 2 Stunden in den Kühlschrank legen.

3 Den Backofen auf 180 °C (Umluft 160 °C) vorheizen.

4 Die Teigrollen portionsweise aus dem Kühlschrank nehmen und in je 35 Scheiben schneiden.

5 Jedes Teigstück mit den Händen zuerst zu einer Kugel, dann zu einer etwa 5 cm langen, spitz zulaufenden Rolle formen und auf mit Backpapier ausgelegte Backbleche legen. Hier die Rollen mit den Fingern zu Hörnchen biegen.

6 Die Kipferl im Backofen etwa 15 Minuten backen. Die Kipferl sollten dabei hell bleiben.

7 Vanillezucker in einen tiefen Teller geben. Die noch warmen Kipferl vom Blech heben und mit 2 Teelöffeln vorsichtig im Vanillezucker wälzen. Die Vanillekipferl auf einem Kuchengitter abkühlen lassen.

O du fröhliche

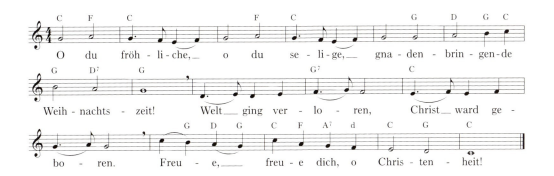

O du fröhliche, o du selige,
gnadenbringende Weihnachtszeit!
Christ ist erschienen,
uns zu versühnen.
Freue, freue dich, o Christenheit.

O du fröhliche, o du selige,
gnadenbringende Weihnachtszeit!
Himmlische Heere
jauchzen dir Ehre.
Freue, freue dich, o Christenheit.

Text: Daniel Falk (1. Strophe),
Heinrich Holzschuher (2. und 3. Strophe)
Melodie: aus Sizilien

Vögel im Winter

Hält der Winter mit eisigen Temperaturen und einer geschlossenen Schneedecke Einzug, regt sich unser Herz für die Vögel, die bei uns überwintern. Vögel füttern macht Groß und Klein viel Freude. Wenn man die hübschen Sänger füttern will, sollte man einige Dinge beachten, um ihnen nicht – ohne es zu wollen – zu schaden.

Blau- und Kohlmeisen ernähren sich beispielsweise von Beeren und Samen, die sie noch an Büschen und Bäumen finden. Hier suchen sie im Astwerk und an freien Stellen auf dem Boden auch nach Larven, Würmern und Insekten. Eichelhäher halten Vorrat und vergraben im Herbst Eicheln, Kleiber verstecken Samen und Nüsse unter Baumrinden, wie auch die Sumpfmeisen, die hier Sonnenblumenkerne für harte Zeiten ablegen.

Im Garten finden die Vögel Samen von Stauden, im Komposthaufen suchen sie nach Spinnen, Insekten und Schnecken. Sobald der Schnee jedoch hoch liegt und der Frost stark anhält, kann man den Vögeln durch eine geschickte Winterfütterung durch die eisigen Wochen helfen. Wird jedoch einmal mit dem Füttern begonnen, dann sollte man das regelmäßige Füttern vormittags und nachmittags unbedingt beibehalten, denn Vögel gewöhnen sich an ihre Futterplätze. Steht dort irgendwann kein Futter mehr zur gewohnten Zeit, so können die gefiederten Freunde schon binnen Stunden verhungern. Erst wenn der strenge Winter vorbei ist, kann man mit dem Füttern wieder aufhören.

Für eine gesunde Fütterung muss man zwischen sogenannten Weichfutter- und Körnerfressern unterscheiden:

Weichfutter- und Insektenfresser sind Vögel mit meist spitzem, schlankem Schnabel, wie etwa Drossel, Kleiber, Blau- und Kohlmeise, Amsel, Star, Seidenschwanz, Rotkehlchen, Baumläufer, Heckenbraunelle, Wintergoldhähnchen und Zaunkönig. Sie mögen Beeren als Hauptnahrungsmittel, zusätzlich kann man ihnen Weizenkleie und Haferflocken, Rosinen und getrocknetes Obst anbieten.

Körnerfresser sind Vögel mit kurzem, dickem Schnabel wie Finken, Sperlinge, Meisen, Ammer, Grünling. Sie mögen Sonnenblumenkerne, Hanf, Mohn oder Haferflocken.

Futterplätze sollten immer sauber gehalten werden, sonst können sich gefährliche Krankheiten verbreiten. Das Futter muss vor Witterungseinflüssen und Vogelkot geschützt werden. Dafür gibt es besondere Futterhäuschen. Es sollte den Vögeln nicht möglich sein, sich darin auf das Futter zu setzen. Das Futter sollte auch durch ein Dach vor Regen und Schnee geschützt werden. Und: Beim Anbringen von Futterplätzen sollte man auch darauf achteten, dass der Ort vor Katzen sicher ist.

Zum Selbermachen

- *Erdnüsse kann man auffädeln und an einen Zweig hängen.*
- *Futterglocke: Dazu wird ein Stab durch das Loch im Boden eines Blumentopfes gesteckt und dieser mit einer Mischung aus heißem Rindertalg (vom Metzger), Sonnenblumenkernen, Haferflocken und gehackten Nüssen gefüllt. Der Blumentopf kann nach dem Aushärten als Futterglocke in einen Baum gehängt werden.*
- *Man kann auch einen Tannenzweig in warmen Ringertalg legen. Nach dem Herausnehmen mit Sonnenblumenkernen und Haferflocken bestreuen. Anschließend aushärten lassen.*

Die heilige Barbara

istorisch fundiert ist Weniges, was in den Büchern zur heiligen Barbara zu finden ist – immerhin ist sie eine der bekanntesten christlichen Winterheiligen, derer Jahr für Jahr am 4. Dezember gedacht wird. Über ihr Leben kursieren verschiedene Legenden: So nimmt man an, dass sie eine Märtyrerin während der Regierungszeit von Kaiser Gaius Galerius Valerius Maximinus war. In den Legenden wird viel von der Schönheit und dem philosophischen Geist der Tochter aus wohlhabendem Hause berichtet. So soll sie sich mit der Frage auseinandergesetzt haben, ob die Götter tatsächlich wie Menschen gewesen seien, wie sie in der antiken Mythologie dargestellt werden – als übermenschliche Wesen mit enormen Stärken und Gaben und ebensolchen zutiefst menschlichen Schwächen. Infolgedessen fragte sie sich auch, warum man diese fehlbaren Wesen und nicht eine unsterbliche Gottheit anbete, die vollkommen war. In der Lösung ihrer Glaubensfragen stand ihr Origines zur Seite, seinerzeit der gelehrteste Mann Alexandrias.

Eine andere Legende besagt, dass Barbara von ihrem Vater, dem reichen Kaufmann Dioskuros von Nikomedia – dem heutigen İzmit in der Türkei –, in einen Turm eingeschlossen wurde. Auf diese Weise wollte er seine schöne Tochter daran hindern zu heiraten. Als der Vater einmal auf Reisen war, ließ Barbara sich nicht nur heimlich taufen, sondern in ihrem Turm statt der vom Vater angeordneten zwei Fenster drei als Symbol für die Dreieinigkeit anbringen. Zudem stellte sie ein Kreuz auf einen Sockel, auf dem zuvor die Statue eines heidnischen Gottes stand. Bei der Rückkehr ihres Vaters offenbarte sich Barbara ihm als gläubige Christin.

Wütend lieferte der Vater seine Tochter daraufhin dem römischen Statthalter Marcianus aus. Obwohl er sie grausam foltern ließ, blieb sie standhaft und ließ sich nicht von ihrem Glauben abbringen. Nachts im Kerker soll ihr Jesus Christus erschienen sein, um ihre Wunden zu lindern. Das Urteil der Enthauptung übernahm schließlich ihr Vater selbst, woraufhin ihn ein göttlicher Blitzschlag tötete.

Die Barbara-Legende entstand wohl im 7. Jahrhundert im byzantinischen Raum. Im Voralpenland und in den Gebirgsregionen ist Barbara eines der drei heiligen

Madln, die hier im ausgehenden Mittelalter zu den beliebtesten vorchristlichen Schutzpatroninnen zählten. Als Schutzherrin für den Bergbau taucht Barbara im frühen 14. Jahrhundert in Sachsen, Schlesien und Böhmen sowie in Tirol auf. Auch wurde Barbara immer mit Gewittern und dem Blitz in Verbindung gebracht. Bei schweren Stürmen betete man daher um ihren Beistand. Aus demselben Grund ist sie auch die Schutzheilige der Gewehrschützen. Ihr Bildnis fand man früher häufig in Waffenlagern und Pulvermagazinen. Als einer der 14 katholischen Nothelfer wird Barbara besonders dann angerufen, wenn es darum geht, einem Sterbenden Trost und Hilfe zu geben.

Zahlreiche Orakelbräuche zeugen von ihrer Beliebtheit beim Volk: Barbarazweige werden an ihrem Gedenktag, dem 4. Dezember, von Obstbäumen oder Forsythien abgeschnitten und in heißes Wasser gestellt; treiben sie am Weihnachtsfest aus, so gilt dies als gutes Vorzeichen für das neue Jahr. Auch beim Viehabtrieb vor Wintereinbruch schnitt man solche Zweige ab; zu Weihnachten schloss man aus der Anzahl der Blüten auf die Fruchtbarkeit des Viehs im kommenden Jahr.

Es wird auch vermutet, dass dieser Brauch mit den germanischen Lebensruten in Verbindung steht. Da es sich um Frühlingsboten handelt, ist der Weg zur Liebe dabei nicht weit. So schrieben Frauen früher den Namen ihres Geliebten auf ein Blatt Papier und hängten ihn an einen Zweig. Blühte er, so galt das als ein sicheres Zeichen für eine Hochzeit.

In Altbayern, Schwaben und Franken waren Barbarazweige die Vorläufer des Weihnachtsbaums; eine fränkische Chronik von 1795 berichtet: »Die Gewohnheit, am Barbaratage Bäume in die Stube zu stellen, um solche am Weihnachtsabend, zur Freude der Kinder, als ein Christgeschenk, mit allerlei Zuckerwaren und anderem zu behängen oder nach allgemeiner Sprache zu putzen, ist meines Wissens noch in ganz Franken gebräuchlich. Die gewöhnliche Art der Bäume zu diesem Gebrauche sind Weichsel und wilde Kirschbäume, auch junge Tannen- und Fichtenbäume bei geringen Leuten, die sich solche selbst holen.«

Im Allgäu schließlich gibt es die Tradition des »Bärbeletreibens«: Am Barbaratag verkleiden sich junge, unverheiratete Frauen mit alten Fetzen und Masken und ziehen schweigend durch die Dörfer, um symbolisch das Böse aus den Häusern zu vertreiben. Dabei werden die Höfe und Straßen symbolisch gereinigt. Wagt es jemand, sich den Frauen zu nähern, verteilen sie sanfte Hiebe mit ihren Besen, was fruchtbarkeits- und glückbringend sein soll.

Barbarastrauß

Nicht alle Gehölze eignen sich zum Antreiben. Neben Süß- und Zierkirsche blühen auch Forsythie, Weidenkätzchen, Hasel sowie Kornelkirsche sehr zuverlässig. Achten Sie darauf, dass Sie nur Zweige von zwei- bis vierjährigem Holz nehmen. Einjähriges Holz hat meist nur wenige Blütenknospen.

Damit die Zweige sicher aufblühen, legt man sie nach dem Schneiden in ein Wasserbad von etwa 35 °C. Acht bis zwölf Stunden lang sollten sie darin bleiben. Durch die Wärme werden Blockadestoffe in den Blütenknospen abgebaut.

Anschließend schneidet man die Zweige lang und schräg an (ca. 6 bis 8 cm) und stellt sie in eine Vase.

Damit sie schon bald blühen, lohnt es sich, die Zweige ein- bis zu zweimal täglich mit Wasser einzusprühen. Damit die Zweige nicht faulen, sollten Sie etwas Holzkohle mit ins Blumenwasser geben. Das wirkt desinfizierend.

Bauernregeln

Auf Barbara die Sonne weicht,
auf Lucia sie wiederum herschleicht.

Geht Barbara im Klee, kommt's Christkind im Schnee.

St. Barbara mit Schnee, im nächsten Jahr viel Klee.

Knospen an St. Barbara, sind zum Christfest Blüten da.

Leise rieselt der Schnee

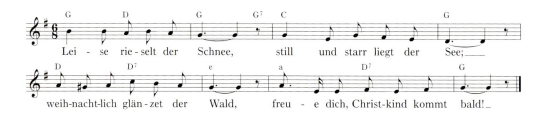

Lei-se rie-selt der Schnee, still und starr liegt der See;
weih-nacht-lich glän-zet der Wald, freu-e dich, Christ-kind kommt bald!

In den Herzen ist's warm,
still schweigt Kummer und Harm,
Sorge des Lebens verhallt,
freue dich, Christkind kommt bald!

Bald ist heilige Nacht,
Chor der Engel erwacht,
hört nur, wie lieblich es schallt:
Freude dich, Christkind kommt bald.

Text und Melodie: Eduard Ebel

Zimtsterne

Für 75 Stück
Zubereitungszeit: 40 Minuten

Zutaten:
4 Eiweiß
300 g Puderzucker
2 EL Zimtpulver
1 Msp. Nelkenpulver
400 g gemahlene ungeschälte Mandeln

Außerdem:
Backpapier, Frischhaltefolie

1 Die Eiweiße in einem hohen Gefäß sehr steif schlagen und dabei nach und nach den Puderzucker einrieseln lassen. 5 EL von der Masse abnehmen und beiseitestellen. Den restlichen Eischnee mit den Gewürzen und Mandeln in eine Schüssel geben und mit den Knethaken des Handrührgeräts zu einem festen Teig kneten.

2 Den Backofen auf 150 °C (Ober-/Unterhitze) vorheizen. Ein Backblech mit Backpapier belegen.

3 Eine Arbeitsfläche mit Frischhaltefolie belegen und den Teig daraufgeben. Ein weiteres Blatt Frischhaltefolie darauflegen und den Teig etwa 7 mm dick ausrollen. Obere Folie abnehmen, Sterne ausstechen und auf das Blech legen.

Die beiseitegestellte Baisermasse dünn auf die Sterne streichen und im Ofen (Mitte) ca. 20 Minuten hell backen.

Tipp: Die Zimtsterne in eine Blechdose geben und erst nach ein paar Tagen verzehren.

Kuscheldecke zum Selberstricken

Das brauchen Sie:
Für eine Decke von ca. 140 x 160 cm Größe brauchen Sie
ca. 1700 g Docht-Wolle (Lauflänge 100 m/100 g)
und eine Rundstricknadel Nr. 9 – 10 in 1 m Länge sowie eine Hilfsnadel.

Grundmuster:
Die Maschenzahl muss durch 12 teilbar sein, damit der Musterrapport aufgeht. Dazu kommt an jeder Seite eine Randmasche. Die Randmaschen werden immer rechts gestrickt. Am besten, Sie fertigen eine Maschenprobe an (siehe Seite 22).
Zopfmuster:
1. Reihe: 1 Randmasche, dann rechte Maschen stricken bis zum Schluss und mit 1 Randmasche beenden.
2. Reihe: 1 Randmasche, dann linke Maschen stricken bis zum Schluss und mit 1 Randmasche beenden.
3. Reihe: 1 Randmasche stricken, dann (*) 3 Maschen auf eine Hilfsnadel nehmen und nach <u>hinten</u> legen. 3 Maschen rechts stricken, dann die 3 Maschen auf der Hilfsnadel rechts abstricken. Ab * fortlaufend wiederholen und mit 1 Randmasche abschließen.
4. Reihe: 1 Randmasche, dann linke Maschen stricken bis zum Schluss und mit 1 Randmasche beenden.
5. Reihe: 1 Randmasche, dann rechte Maschen stricken bis zum Schluss und mit 1 Randmasche beenden.
6. Reihe: 1 Randmasche, dann linke Maschen stricken bis zum Schluss und mit 1 Randmasche beenden.
7. Reihe: 1 Randmasche stricken, dann (*) 3 Maschen auf eine Hilfsnadel nehmen und nach <u>vorne</u> legen. 3 Maschen rechts stricken, dann die 3 Maschen auf der Hilfsnadel rechts abstricken. Ab * fortlaufend wiederholen. Die Reihe endet mit 3 rechten Maschen und 1 Randmasche.

8. Reihe: 1 Randmasche, dann linke Maschen stricken bis zum Schluss und mit
1 Randmasche beenden. Die 1. bis 8. Reihe fortlaufend wiederholen.
So wird's gemacht:
Für die untere und obere Kante der Decke vor dem ersten Zopfmuster und nach dem letzten Zopfmuster als Rand 6 Reihen glatt rechts stricken. Dazu 194 Maschen anschlagen (= 1 Randmasche + 192 Maschen + 1 Randmasche) und das Muster fortlaufend in der Breite und Höhe wiederholen.

Joachim Ringelnatz

Schenken

Schenke groß oder klein,
aber immer gediegen.
Wenn die Bedachten
die Gaben wiegen,
sei dein Gewissen rein.

Schenke herzlich und frei,
schenke dabei,
was in dir wohnt
an Meinung, Geschmack und Humor,
sodass die eigene Freude zuvor
dich reichlich belohnt.

Schenke mit Geist ohne List.
Sei eingedenk,
dass dein Geschenk
du selber bist.

Lebkuchen-figuren

Für ein Backblech
Ruhezeit: 1 Nacht
Backzeit: 20 Minuten

Zutaten:
300 g Mehl
1 TL Backpulver
100 g gemahlene Haselnüsse
1 Msp. Orangenabrieb
1 TL Zimt
½ TL Lebkuchengewürz
2 Eier
150 g Honig

Für die Verzierung:
150 g Puderzucker
etwas Zitronensaft
Lebensmittelfarbe
kandierte Früchte
Zuckerperlen
Nüsse

Außerdem:
Backpapier
2–3 EL Milch zum Bestreichen

1 Das Mehl mit dem Backpulver mischen und in eine große Schüssel sieben. Nüsse, Orangenabrieb und Gewürze dazugeben. Eier und Honig daruntermischen und mit den Knethaken des Handrührgeräts zu einem glatten Teig verarbeiten. Zugedeckt über Nacht ruhen lassen.

2 Den Backofen auf 180 °C (Ober-/Unterhitze) vorheizen. Das Backblech mit Backpapier belegen. Den Teig auf einer bemehlten Arbeitsfläche 1 cm dick ausrollen. Nach den Schablonen auf der rechten Seite aus Pappe Figuren ausschneiden, diese auf die Teigplatte legen und ausschneiden oder mit Ausstechern Figuren ausstechen. Teig mit Milch einpinseln und im Ofen (Mitte) etwa 25 Minuten backen.

3 Auf einem Kuchengitter ganz auskühlen lassen. In einer kleinen Schüssel den Puderzucker mit dem Zitronensaft anrühren und jeweils kleinere Portionen nach Belieben einfärben. In einen kleinen Gefrierbeutel füllen, ein kleines Loch in eine Beutelecke schneiden und mit dieser selbst gemachten Spritztülle die Figuren dekorieren. Zuckerperlen, Nüsse, kandierte Früchte nach Geschmack auflegen und gut trocknen lassen.

Tipp: Wenn Sie die Lebkuchenfiguren aufhängen möchten, einfach einen Zahnstocher vor dem Backen in den Teig stechen und das Loch gleich nach dem Backen sauber nachbohren.

Kuscheltierchen

Ein niedliches Kuscheltier für kleine und auch größere Kinder lässt sich aus einem Paar Socken basteln.

Das brauchen Sie:
eine farbige oder gemusterte Socke
eine dunkle Socke
2 Knöpfe für die Augen
Bastelschere
Watte zum Füllen
Nähgarn
Nadel
farbiges Stickgarn

So wird's gemacht:
1 Für den Kopf des Kuscheltierchens schneiden Sie von einer dunklen Socke das mittlere Fersenteil mit 2 geraden Schnitten oben und unten ab. Nähen Sie eine Seite zu, füllen Sie den Kopf mit Füllwatte (das Kinn des Tierchens besteht aus der Ferse) und schließen Sie auch die andere Seite.

2 Vom Rest der dunklen Socke schneiden Sie die Sockenspitze ab und aus diesem Schlauch schneiden Sie 2 schmalere Ringe. Schließen Sie jeweils eine Seite, füllen Sie sie mit Watte und nähen Sie die andere Längsseite zu. So haben Sie die Arme. Aus dem Teil der Socke oberhalb des Fersenstücks schneiden Sie längs die Stücke für die Beine. Auch mit Watte füllen und zunähen.

3 Von der farbigen Socke schneiden Sie den Fuß ab, drehen die Socke auf links, nähen die Beine innen an und schließen die Sockenröhre unten. Dann drehen Sie den Rumpf auf rechts und füllen ihn mit Watte. Den Kopf nähen Sie oben an, ebenso die Arme an den Seiten.

4 Als Augen nähen Sie die Knöpfe an und sticken aus farbigem Garn einen Mund.

Butterstollen

Für 1 Stollen
Ruhezeit: 3 Stunden

Zutaten
50 g Rosinen
50 g Korinthen
50 g Sultaninen
3 EL Rum
500 g Mehl
125 ml Milch
1 Würfel Hefe (45 g)
120 g Zucker
200 g weiche Butter
1 Prise Salz
je Prise Kardamom,
Muskatblüte, Piment
75 g gehackte Mandeln

Zum Bestreichen:
50 g Butter

Zum Bestreuen:
30 g Puderzucker

Außerdem:
Alufolie, Backpapier

1 Rosinen, Korinthen und Sultaninen in eine Schüssel geben und mit Rum übergießen.

2 Das Mehl in eine große Schüssel sieben. In einem kleinen Topf die Milch erwärmen und die Hefe mit 1 TL Zucker darin auflösen. Eine Mulde in das Mehl drücken und die Hefemilch eingießen. Mit ein wenig Mehl vom Rand verrühren und den Vorteig an einem warmen Ort zugedeckt 20 Minuten gehen lassen.

3 In einem kleinen Topf 200 g Butter schmelzen, abkühlen lassen und mit dem restlichen Zucker, den Gewürzen, dem Vorteig zu einem glatten Teig verkneten. So lange mit den Knethaken des Rührgeräts durchkneten, bis sich der Rand von der Schüssel löst. Wieder abdecken und noch 1 Stunde gehen lassen.

4 Das Backblech mit Backpapier belegen. Den Hefeteig mit den in Rum eingelegten Früchten und den Mandeln verkneten. Den Teig zu einer Rolle formen, mit dem Nudelholz ein wenig plätten und die eine Längsseite etwas über die Mitte schlagen. Auf das Blech legen und 1 ½ Stunden gehen lassen.

5 Den Ofen auf 180 °C vorheizen. Den Stollen im Backofen (Mitte) goldbraun backen. In einem kleinen Topf 50 g Butter schmelzen und den Stollen mehrmals einpinseln. Dann auf einem Kuchengitter abkühlen lassen. Mit Puderzucker bestäuben und in Alufolie einpacken.

Tipp: Vor dem Verzehr sollte der Stollen mindestens eine Woche und dann nicht länger als acht Wochen lagern.

Der Dezembergarten – was zu tun ist

Selbst wenn die Natur schläft, kann man im Dezember einige Gartenarbeiten erledigen: An milden Tagen ohne Schnee sollten Sie das Laub um die Pflanzen entfernen. Die Blätterdecke bietet vielen Schädlingen Schutz. Wenn Sie biologisch gärtnern, empfiehlt es sich, dabei ein vernünftiges Augenmaß walten zu lassen. Igel überwintern beispielsweise gerne in Laubhaufen. Lassen Sie also den einen oder anderen Haufen an Orten, wo sie Sie nicht zu sehr stören.

• Sobald der Boden gefroren ist, kümmern Sie sich um die Vögel in Ihrem Garten. Sie sind die wichtigsten Verbündeten beim Kampf gegen Schädlinge. Besorgen Sie dazu spezielles Futter (siehe auch Seite 54). Stellen Sie auch eine Schale Wasser nach draußen, die Sie nach Bedarf immer wieder mit heißem Wasser auftauen können.

• Solange der Boden noch nicht gefroren ist, können Sie Stauden, Sträucher und Kletterpflanzen umsetzen.

• Frostempfindliche Pflanzen brauchen jetzt dringend Schutz. Bringen Sie Pflanzen, die Sie vielleicht übersehen haben, unter Glas in Sicherheit. Bartfaden und andere Gewächse, die im Freien überwintern, können Sie mit Stroh und Fichtenreisig isolieren. Bei Stauden breiten Sie einfach eine Abdeckung darüber.

• Schneiden Sie Klettersträucher zurück und binden Sie sie gut an, um sie vor Windstößen zu schützen.

- Kürzen Sie die Triebe spät blühender Sträucher wie Buddleja und Bechermalve, damit sie vom Wind nicht geknickt werden.

- Schützen Sie empfindliche Immergrüne vor dem Wind mit Netzen oder Vlies.

- Schützen Sie Pfirsichbäume mit Vlies.

- Reinigen und ölen Sie Ihr Werkzeug und Ihre Gartengeräte. Reiben Sie Holzgriffe mit Leinsamenöl ein. Schärfen Sie die Gartenscheren.

- Lassen Sie das Wasser aus Gartenschläuchen ablaufen und lagern Sie sie in einem Schuppen oder einer Garage.

- Isolieren Sie frostgefährdete Wasserrohre und -hähne. Gefrierendes Wasser dehnt sich aus und kann Rohre zum Platzen bringen.

- Nassen Boden und gefrorenen Rasen nicht betreten – wichtige Arbeiten können Sie von einem Brett aus durchführen.

- Trimmen und formen Sie Bäume und Sträucher, außer Kirschen, Pflaumen, Walnuss, Ahorn und Birke.

> Hörst du, wie der Schnee gegen die Fensterscheiben fällt, Kitty? Wie schön sanft sich das anhört!
> Als ob jemand draußen die Scheiben überall küsst.
> Wer weiß, vielleicht liebt der Schnee die Bäume und Felder, dass er sie so sanft küsst?
> Und dann deckt er sie gemütlich zu, weißt du, mit einer weißen Bettdecke, und sagt: »Schlaft gut, meine Lieben, bis der Sommer wiederkommt.«
>
>

Der heilige Nikolaus

ie Figur des heiligen Nikolaus ist historisch belegt. Geboren wurde er zwischen 270 und 286 in Patara, Türkei, gestorben ist er zwischen 326 und 351 in Myra, dem heutigen Demre. Im Alter von 19 Jahren wurde der aus einer sehr wohlhabenden Familie stammende Nikolaus von seinem Onkel, dem damaligen Bischof Nikolaus von Myra, zum Priester geweiht. Danach zog er als Abt in das Kloster von Sion in der Nähe seiner Heimatstadt. Als seine Eltern an den Folgen der Pest verstarben, erbte der junge Abt ihr Vermögen. Er verteilte alles an Arme und Bedürftige: In der Legende heißt es, dass er junge Frauen aus seiner Nachbarschaft in Patara vor der Prostitution bewahren konnte, indem er für eine ausreichende Mitgift sorgte. Als sein Förderer, der Bischof von Myra, verstarb, pilgerte Nikolaus ins Heilige Land. Nach seiner Rückkehr wurde er zum neuen Bischof von Myra ernannt. Nikolaus galt als gerecht und scheute im Zweifelsfall auch keine Auseinandersetzung, wenn es um die gute Sache ging; auch seine diplomatischen Fähigkeiten wurden gepriesen und seine Großherzigkeit, wenn es darum ging, im Zweifelsfall Gnade vor Recht ergehen zu lassen. 310 n. Chr. wurde er im Rahmen der Christenverfolgung gefangen genommen und von den Römern gefoltert. Er überlebte die Zeit im Kerker und nahm 15 Jahre später am 1. Konzil von Nicäa teil.

Es gibt viele Legenden über die Wohl- und Wundertaten, die Nikolaus seinen Mitmenschen angedeihen ließ: So konnte er drei zu Unrecht zum Tode Verurteilte retten, indem er im Traum dem Kaiser erschien und um ihre Freiheit bat. Um ein in Seenot geratenes Schiff zu retten mit drei Pilgern an Bord, die in Ephesus ein für eine christliche Kapelle bestimmtes heiliges Öl gekauft hatten, begab er sich während des Sturmes auf das Schiff, beruhigte die Wogen und brachte alle sicher in den Hafen. Bei einer Hungersnot in Myra erbat sich Nikolaus von jedem Bewohner der Stadt 100 Scheffel des Getreides, das als Abgabe für den Kaiser in Rom bestimmt war. Er versicherte allen, dass ihnen nichts fehlen würde, wenn er für sie beten würde, was so auch eintraf; Nikolaus konnte auf diese Weise seine Gemeinde retten und sogar Saatgut verteilen.

Der Kult um Nikolaus entwickelte sich allerdings erst etwa 200 Jahre später. Kaiser Justinian weihte ihm Mitte des 6. Jahrhunderts eine Kirche in Konstantinopel, wonach sich die Anbetung des Heiligen auch in Griechenland und in slawischen Ländern verbreitete. Über Byzanz wurde Nikolaus zu einem der am meisten verehrten Heiligen Russlands. Sein zerbrochener, leerer Sarkophag wird noch heute in der wiederhergestellten Unterkirche von Demre von Wallfahrern der Ostkirche verehrt.

972 brachte Kaiserin Theophanu anlässlich ihrer Hochzeit mit Kaiser Otto II. Reliquien des Heiligen aus ihrer Heimat Byzanz mit; seit 1058 befinden sich diese in der Nikolaus geweihten Kapelle am südlichen Seitenschiff des Doms in Worms. Im April 1087 wurden Nikolaus' Gebeine von Abenteurern aus Bari aus dem Marmorgrab unter dem Fußboden der Kirche in Myra entwendet und nach Apulien entführt. Dort errichtete man auf den Trümmern des byzantinischen Gouverneurspalastes die berühmte Basilika S. Nicola, die Papst Urban II. 1098 weihte.

Nikolaus gilt als Helfer in fast allen Schwierigkeiten, die einem Menschen im Laufe eines Lebens zu schaffen machen können. Der 6. Dezember, sein Gedenktag, wurde seit jeher mit vielen Bräuchen gepflegt. Seit 1555 ist Nikolaus als Gabenbringer für Kinder belegt. So beschenkt er am Vorabend des Nikolaustages die jüngsten Bewohner eines Hauses.

Als »dunkle Seite« oder Gegenpart bekam er dazu in verschiedenen Ländern einen Begleiter zur Seite: In Deutschland ist es der Knecht Ruprecht, in Frankreich Père Fouettard, in der Schweiz Schmutzli, in Luxemburg der Housecker, in den Niederlanden Zwarte Piet, der einen gezähmten Teufel darstellen soll, und in Österreich und Bayern der grauenerregende Krampus, der mit Teufelsfratze und Kettenrasseln die unartigen Kinder einschüchtern soll. Im Berchtesgadener Land sind noch wildere Erscheinungsformen geläufig: die mit Stroh verkleideten Perchten oder Buttnmandln. In Bayern oder Tirol hat sich der Spruch erhalten: »Wenn du nicht brav bist, kommt bei dir der Krampus und nicht der Nikolaus.«

Theodor Storm

Unter dem Tannenbaum

Der Weihnachtsabend begann zu dämmern. – Der Amtsrichter war mit seinem Sohne auf der Rückkehr von einem Spaziergange; Frau Ellen hatte sie auf ein Stündchen fortgeschickt. Vor ihnen im Grunde lag die kleine Stadt; sie sahen deutlich, wie aus allen Schornsteinen der Rauch emporstieg; denn dahinter am Horizont stand feuerfarben das Abendrot. – Sie sprachen von den Großeltern drüben in der alten Heimat; dann von den letzten Weihnachten, die sie dort erlebt hatten.

»Und am Vorabend«, sagte der Vater, »als Knecht Ruprecht zu uns kam mit dem großen Bart und dem Quersack und der Rute in der Hand!«

»Ich wusste wohl, dass es Onkel Johannes war«, erwiderte der Knabe, »der hatte immer so etwas vor!«

»Weißt du denn auch noch die Worte, die er sprach?«

Harro sah den Vater an und schüttelte den Kopf.

»Wart nur«, sagte der Amtsrichter, »die Verse liegen zu Haus in meinem Pult; vielleicht bekomm ich's noch beisammen!« Und nach einer Weile fuhr er fort: »Entsinne dich nur, wie erst die drei Rutenhiebe von draußen auf die Tür fielen und wie dann die raue borstige Gestalt mit der großen Hakennase in die Stube trat!« Dann hub er langsam und mit tiefer Stimme an:

»Von drauß' vom Walde komm ich her,
ich muss euch sagen, es weihnachtet sehr!
Allüberall auf den Tannenspitzen
sah ich goldene Lichtlein sitzen.
Und droben aus dem Himmelstor
sah mit großen Augen das Christkind hervor.
Und wie ich so strolcht' durch den dichten Tann,
da rief's mich mit heller Stimme an:
›Knecht Ruprecht‹, rief es, ›alter Gesell,
hebe die Beine und spute dich schnell!

Die Kerzen fangen zu brennen an,
das Himmelstor ist aufgetan,
Alt' und Junge sollen nun
von der Jagd des Lebens einmal ruhn;
und morgen flieg ich hinab zur Erden,
denn es soll wieder Weihnachten werden!‹
Ich sprach: ›O lieber Herre Christ,
meine Reise fast zu Ende ist;
ich soll nur noch in diese Stadt,
wo's eitel brave Kinder hat.‹
›Hast denn das Säcklein auch bei dir?‹
Ich sprach: ›Das Säcklein, das ist hier;
denn Apfel, Nuss und Mandelkern
essen fromme Kinder gern!‹
›Hast denn die Rute auch bei dir?‹
Ich sprach: ›Die Rute, die ist hier!
Doch für die Kinder nur, die schlechten,
die trifft sie auf den Teil, den rechten!‹
Christkindlein sprach: ›So ist es recht,
so geh mit Gott, mein treuer Knecht!‹
Von drauß' vom Walde komm ich her;
ich muss euch sagen, es weihnachtet sehr!
Nun sprecht, wie ich's hierinnen find?
Sind's gute Kind, sind's böse Kind?«

»Aber«, fuhr der Amtsrichter mit veränderter Stimme fort, »ich sagte dem Knecht Ruprecht:

›Der Junge ist von Herzen gut,
hat nur mitunter was trotzigen Mut!‹«

»Ich weiß, ich weiß!«, rief Harro triumphierend; und den Finger emporhebend, und mit listigem Ausdruck setzte er hinzu: »Dann kam so etwas –«

»Was dich in großes Geschrei brachte; denn Knecht Ruprecht schwang seine Rute und sprach:

›Heißt es bei euch denn nicht mitunter: Nieder den Kopf und die Hosen herunter?‹«

»O«, sagte Harro, »ich fürchtete mich nicht; ich war nur zornig auf den Onkel!«

Über der Stadt, die sie jetzt fast erreicht hatten, stand nur noch ein fahler Schein am Himmel. Es dunkelte schon; aber es begann zu schneien; leise und emsig fielen die Flocken und der Weg schimmerte schon weiß zu ihren Füßen.

Vater und Sohn waren eine Weile schweigend nebeneinander hergegangen.

»Am Abend darauf«, hub der Amtsrichter wieder an, »brannte der letzte Weihnachtsbaum, den du gehabt hast. Es war damals eine bewegte Zeit; sogar das Zuckerwerk zwischen den Tannenzweigen war kriegerisch geworden: unsere ganze Armee, Soldaten zu Pferde und zu Fuß! – Von alledem ist nun nichts mehr übrig!«, setzte er leiser und wie mit sich selbst redend hinzu.

Der Knabe schien etwas darauf erwidern zu wollen, aber ein anderes hatte plötzlich seine Gedanken in Anspruch genommen.

Es war ein großer bärtiger Mann, der vor ihnen aus einem Seitenwege auf die Landstraße herauskam. Auf der Schulter balancierte er ein langes stangenartiges Gepäck, während er mit einem Tannenzweig, den er in der Hand hielt, bei jedem Schritt in die Luft peitschte. Wie er vorüberging, hatte Harro in der Dämmerung noch die große rote Hakennase erkannt, die unter der Pelzmütze hinausragte. Auch einen Quersack trug der Mann, der anscheinend mit allerhand eckigen Dingen angefüllt war. Er ging rasch vor ihnen auf.

»Knecht Ruprecht!«, flüsterte der Knabe, »hebe die Beine und spute dich schnell!«

Das Gewimmel der Schneeflocken wurde dichter, sie sahen ihn noch in die Stadt hinabgehen; dann entschwand er ihren Augen; denn ihre Wohnung lag eine Strecke weiter außerhalb des Tores.

»Freilich«, sagte der Amtsrichter, indem sie rüstig zuschritten, »der Alte kommt zu spät; dort unten in der Gasse leuchteten schon alle Fenster in den Schnee hinaus.«

Endlich war das Haus erreicht. Nachdem sie auf dem Flur die beschneiten Überkleider abgetan, traten sie in das Arbeitszimmer des Amtsrichters. Hier war heute der Tee serviert; die große Kugellampe brannte, alles war hell und aufgeräumt. Auf der sauberen Damastserviette stand das fein lackierte Teebrett mit den Geburtstagstassen und dem rubinroten Zuckerglase; daneben auf dem Fußboden in dem Komfort von Mahagonistäbchen mit blankem Messingeinsatz kochte der Kessel, wie es sein muss, auf gehörig durchgeglühten Torfkohlen; wie daheim einst in der großen Stube des alten Familienhauses, so dufteten auch hier in dem kleinen Stübchen die braunen Weihnachtskuchen nach dem Rezept der Urgroßmutter.

Aber während die Mutter nebenan im Wohnzimmer noch das Fest bereitete, blieben Vater und Sohn allein; kein Onkel Erich kam, ihnen feiern zu helfen. Es war doch anders als daheim.

Ein paarmal hatte Harro mit bescheidenem Finger an die Tür gepocht und ein leises »Geduld!« der Mutter war die Antwort gewesen. Endlich trat Frau Ellen selbst herein. Lächelnd – aber ein leiser Zug von Weh war doch dabei – streckte sie ihre Hände aus und zog ihren Mann und ihren Knaben, jeden bei einer Hand, in die helle Weihnachtsstube.

Es sah freundlich genug aus. Auf dem Tische in der Mitte, zwischen zwei Reihen brennender Wachskerzen, stand das kleine Kunstwerk, das Mutter und Sohn in den Tagen vorher sich selbst geschaffen hatten, ein Garten im Geschmack des vorigen Jahrhunderts mit glatt geschorenen Hecken und dunklen Lauben; alles von Moos und verschiedenem Wintergrün zierlich zusammengestellt. Auf dem Teiche von Spiegelglas schwammen zwei weiße Schwäne; danebcn vor dem chinesischen Pavillon standen kleine Herren und Damen von Papiermaschee in Puder und Kontuschen. – Zu beiden Seiten lagen die Geschenke für den Knaben; eine scharfe Lupe für die Käfersammlung, ein paar bunte Münchener Bilderbogen, die nicht fehlen durften, von Schwind und Otto Speckter; ein Buch in rotem Halbfranzband; dazwischen ein kleiner Globus in schwarzer Kapsel, augenscheinlich schon ein altes Stück. »Es war Onkel Erichs letzte Weihnachtsgabe an mich«, sagte der Amtsrichter, »nimm du es nun von mir! Es ist mir in diesen Tagen aufs Herz gefallen, dass ich ihm die Freude, die er mir als Kind gemacht, in späterer Zeit nicht einmal wieder gedankt –; nun haben sie mir den alten Herrn im letzten Herbst begraben!«

Frau Ellen legte den Arm um ihren Mann und führte ihn an den Spiegeltisch, auf dem heute die beiden silbernen Armleuchter brannten. Auch ihm hatte sie beschert; das Erste aber, wonach seine Hand langte, war ein kleines Lichtbild. Seine Augen ruhten lange darauf, während Frau Ellen still zu ihm emporsah. Es war sein elterlicher Garten; dort unter dem Ahorn vor dem Lusthause standen die beiden Alten selbst, das noch dunkle volle Haar seines Vaters war deutlich zu erkennen.

Der Amtsrichter hatte sich umgewandt; es war, als suchten seine Augen etwas. Die Lichter an den Moosgärtchen brannten knisternd fort; in ihrem Schein stand der Knabe vor dem aufgeschlagenen Weihnachtsbuch. Aber droben unter der Decke des hohen Zimmers war es dunkel; der Tannenbaum fehlte, der das Licht des Festes auch dort hinaufgetragen hätte.

Da klingelte draußen im Flur die Glocke und die Haustür wurde polternd aufgerissen. »Wer ist denn das?«, sagte Frau Ellen; und Harro lief zur Tür und sah hinaus.

Draußen hörten sie eine raue Stimme fragen: »Bin ich denn hier recht beim Herrn Amtsrichter?« Und in demselben Augenblicke wandte auch der Knabe den Kopf zurück und rief: »Knecht Ruprecht; Knecht Ruprecht!« Dann zog er Vater und Mutter mit sich aus der Tür. Es war der große bärtige Mann, der den beiden Spaziergängern vorhin oberhalb der Stadt begegnet war; bei dem Schein des Flurlämpchens sahen sie deutlich die rote Hakennase unter der beschneiten Pelzmütze leuchten. Sein langes Gepäck hatte er gegen die Wand gelehnt. »Ich habe das hier abzugeben!«, sagte er, indem er auch den schweren Quersack von der Schulter nahm.

»Von wem denn?«, fragte der Amtsrichter.

»Ist mir nichts von aufgetragen worden.«

»Wollt Ihr denn nicht näher treten?«

Der Alte schüttelte den Kopf. »Ist alles schon besorgt! Habt gute Weihnacht beieinander!« Und indem er noch einmal mit der großen Nase nickte, war er schon zur Tür hinaus.

»Das ist eine Bescherung!«, sagte Frau Ellen fast ein wenig schüchtern.

Harro hatte die Haustür aufgerissen. Da sah er die große dunkele Gestalt schon weithin auf dem beschneiten Wege hinausschreiten.

Nun wurde die Magd herbeigerufen, deren Bescherung durch dieses Zwischenspiel bis jetzt verzögert war; und als mit ihrer Hülfe die verhüllten Dinge in das helle Weihnachtszimmer gebracht waren, kniete Frau Ellen auf dem Fußboden und begann mit ihrem Trennmesser die Nähte des großen Packens aufzulösen. Und bald fühlte sie, wie es von innen heraus sich dehnte und die immer schwächer werdenden Bande zu sprengen strebte; und als der Amtsrichter, der bisher schweigend dabeigestanden, jetzt die letzten Hüllen abgestreift hatte und es aufrecht vor sich hingestellt hielt, da war's ein ganzer mächtiger Tannenbaum, der nun nach allen Seiten seine entfesselten Zweige ausbreitete. Lange schmale Bänder von Knittergold rieselten und blitzten überall von den Spitzen durch das dunkle Grün herab; auch die Tannäpfel waren golden, die unter allen Zweigen hingen.

Harro war indes nicht müßig gewesen, er hatte den Quersack aufgebunden; mit leuchtenden Augen brachte er einen flachen, grün lackierten Kasten geschleppt. »Horch, es rappelt!«, sagte er. »Es ist ein Schubfach darin!« Und als sie es aufgezogen, fanden sie wohl ein Schock der feinsten weißen Wachskerzchen.

»Das kommt von einem echten Weihnachtsmann«, sagte der Amtsrichter, indem er einen Zweig des Baumes herunterzog, »da sitzen schon überall die kleinen Blechlampetten!«

Aber es war nicht nur ein Schubfach in dem Kasten; es war auch obenauf ein Klötzchen mit einem Schraubengang. Der Amtsrichter wusste Bescheid in diesen Dingen; nach einigen Minuten war der Baum eingeschoben und stand fest und aufrecht, seine grüne Spitze fast bis zur Decke streckend. – Die alte Magd hatte ihre Schüssel mit Äpfeln und Pfeffernüssen stehen lassen; während die andern drei beschäftigt waren, die Wachskerzen aufzustecken, stand sie neben ihnen, ein lebendiger Kandelaber, in jeder Hand einen brennenden Armleuchter emporhaltend. – Sie war aus der Heimat mit herübergekommen und hatte sich von allen am schwersten in den Brauch der Fremde gefunden. Auch jetzt betrachtete sie den stolzen Baum mit misstrauischen Augen. »Die goldenen Eier sind denn doch vergessen!«, sagte sie.

Der Amtsrichter sah sie lächelnd an: »Aber, Margreth, die goldenen Tannäpfel sind doch schöner!«

»So, meint der Herr? Zu Hause haben wir immer die goldenen Eier gehabt.«

Darüber war nicht zu streiten; es war auch keine Zeit dazu. Harro hatte sich indessen schon wieder über den Quersack hergemacht. »Noch nicht anzünden!«, rief er, »das Schwerste ist noch darin!«

Es war ein fest vernageltes hölzernes Kistchen. Aber der Amtsrichter holte Hammer und Meißel aus seinem Gerätekästchen; nach ein paar Schlägen sprang der Deckel auf und eine Fülle weißer Papierspäne quoll ihnen entgegen. – »Zuckerzeug!«, rief Frau Ellen und streckte schützend ihre Hände darüber aus. »Ich wittere Marzipan! Setzt euch; ich werde auspacken!«

Und mit vorsichtiger Hand langte sie ein Stück nach dem andern heraus und legte es auf den Tisch, das nun von Vater und Sohn aus dem umhüllenden Seidenpapier herausgewickelt wurde.

»Himbeeren!«, rief Harro. »Und Erdbeeren, ein ganzer Strauß!«

»Aber siehst du es wohl?«, sagte der Amtsrichter. »Es sind Walderdbeeren; so welche wachsen in den Gärten nicht.«

Dann kam, wie lebend, allerlei Geziefer; Hornissen und Hummeln und was sonst im Sonnenschein an stillen Waldplätzchen umherzusummen pflegt, zierlich aus Dragant gebildet, mit goldbestäubten Flügeln; nun eine Honigwabe – die Zellen mochten mit Likör gefüllt sein –, wie sie die wilde Biene in den Stamm der hohlen

Eiche baut; und jetzt ein großer Hirschkäfer, von Schokolade, mit gesperrten Zangen und ausgebreiteten Flügeldecken. »Cervus lucanus!«, rief Harro und klatschte in die Hände.

An jedem Stück war, je nach der Größe, ein lichtgrünes Seidenbändchen. Sie konnten der Lockung nicht widerstehen; sie begannen schon jetzt den Baum damit zu schmücken, während Frau Ellens Hände noch immer neue Schätze ans Licht förderten.

Bald schwebte zwischen den Immen auch eine Schar von Schmetterlingen an den Tannenspitzen; da war der Himbeerfalter, die silberblaue Daphnis und der olivenfarbige Waldargus, und wie sie alle heißen mochten, die Harro hier vergebens aufzujagen gesucht hatte. – Und immer schwerer wurden die Päckchen, die eins nach dem andern von den eifrigen Händen geöffnet wurden. Denn jetzt kam das Geschlecht des größeren Geflügels; da kam der Dompfaff und der Buntspecht, ein Paar Kreuzschnäbel, die im Tannenwald daheim sind; und jetzt – Frau Ellen stieß einen leichten Schrei aus – ein ganzes Nest voll kleiner schnäbelaufsperrender Vögel; und Vater und Sohn gerieten miteinander in Streit, ob es Goldhähnchen oder junge Zeisige seien, während Harro schon das kleine Heimwesen im dichtesten Tannengrün verbarg.

Noch ein Waldbewohner erschien; er musste vom Buchenrevier herübergekommen sein; ein Eichhörnchen von Marzipan, in halber Lebensgröße, mit erhobenem Schweif und klugen Augen. »Und nun ist's alle!«, rief Frau Ellen. Aber nein, ein schweres Päckchen noch! Sie öffnete es und verbarg es dann ebenso rasch wieder in beiden Händen. »Ein Prachtstück!«, rief sie. »Aber nein, Paul; ich bin edelmütiger als du; ich zeig's dir nicht!«

Der Amtsrichter ließ sich das nicht anfechten; er brach ihr die nicht gar zu ernstlich geschlossenen Hände auseinander, während sie lachend über ihn wegschaute.

»Ein Hase!«, jubelte Harro, »er hat ein Kohlblatt zwischen den Vorderpfötchen!«

Frau Ellen nickte: »Freilich, er kommt auch eben aus des alten Kirchspielvogts Garten!«

»Harro, mein Junge«, sagte der Amtsrichter, indem er drohend den Finger gegen seine Frau erhob; »versprich mir, diesen Hasen zu verspeisen, damit er gründlich aus der Welt komme!«

Das versprach Harro.

Der Baum war voll, die Zweige bogen sich; die alte Margreth stöhnte, sie könne die Leuchter nicht mehr halten, sie habe gar keine Arme mehr am Leibe.

Aber es gab wieder neue Arbeit. »Anzünden!«, kommandierte der Amtsrichter; und die klein und großen Weihnachtskinder standen mit heißen Gesichtern, kletterten auf Schemel und Stühle und ließen nicht ab, bis alle Kerzen angezündet waren.

Der Baum brannte, das Zimmer war von Duft und Glanz erfüllt; es war nun wirklich Weihnachten geworden. Ein wenig müde von der ungewohnten Anstrengung saß der Amtsrichter auf dem Sofa, nachsinnend in den gegenüberhängenden großen Wandspiegel blickend, der das Bild des brennenden Baums zurückstrahlte.

Frau Ellen, die ganz heimlich ein wenig aufzuräumen begann, wollte eben die geleerte Kiste an die Seite setzen, als sie wie in Gedanken noch einmal mit der Hand durch die Papierspäne streifte. Sie stutzte. »Unerschöpflich!«, sagte sie lächelnd. – Es war ein Star von Schokolade, den sie hervorgeholt hatte. »Und, Paul«, fuhr sie fort, »er spricht!«

Sie hatte sich zu ihm auf die Sofalehne gesetzt, und beide lasen nun gemeinschaftlich den beschriebenen Zettel, den der Vogel in seinem Schnabel trug: »Einen Wald- und Weihnachtsgruß von einer dankbaren Freundin!«

»Also von ihr!«, sagte der Amtsrichter. »Ihr Herz hat ein gutes Gedächtnis. Knecht Ruprecht musste einen tüchtigen Weg zurücklegen; denn das Gut liegt fünf ganze Meilen von hier.«

Frau Ellen legte den Arm um ihres Mannes Nacken. »Nicht wahr, Paul, wir wollen auch nicht undankbar gegen die Fremde sein?«

»Oh, ich bin nicht undankbar; – aber –«

»Was denn aber, Paul?«

»Was mögen drüben jetzt die Alten machen!«

Sie antwortete nicht darauf; sie gab ihm schweigend ihre Hand.

»Wo ist Harro?«, fragte er nach einer Weile.

Harro war eben wieder ins Zimmer getreten; aus einer Schachtel, die er mit sich brachte, nahm er eine kleine verblichene Figur und befestigte sie sorgfältig an einen Zweig des Tannenbaums. Die Eltern hatten es wohl erkannt; es war ein Stück von dem Zuckerzeug des letzten heimatlichen Weihnachtsbaums; ein Dragoner auf schwarzem Pferde in langem graublauem Mantel. Der Knabe stand davor und betrachtete es unbeweglich; seine großen blauen Augen unter der breiten Stirn wurden immer finsterer. »Vater«, sagte er endlich, und seine Stimme zitterte, »es war doch schade um unser schönes Heer! – Wenn sie es nur nicht aufgelöst hätten – ich glaube, dann wären wir wohl noch zu Hause!«

Eine lautlose Stille folgte, als der Knabe das gesprochen. Dann rief der Vater seinen Sohn und zog ihn dicht an sich heran. »Du kennst noch das alte Haus deiner Großeltern«, sagte er, »du bist vielleicht das letzte Kind von den Unseren, das noch auf den großen übereinandergetürmten Bodenräumen gespielt hat; denn die Stunde ist nicht mehr fern, dass es in fremde Hand kommen wird. – Einer deiner Urahnen hat es einst für seinen Sohn gebaut. Der junge Mann fand es fertig und ausgestattet vor, als er nach mehrjähriger Abwesenheit in den Handelsstädten Frankreichs nach seiner Heimat zurückkehrte. Bei seinem Tode hat er es seinen Nachkommen hinterlassen, und sie haben darin gewohnt als Kaufherren und Senatoren oder, nachdem sie sich dem Studium der Rechte zugewandt hatten, als Bürgermeister oder Syndizi ihrer Vaterstadt. Es waren angesehene und wohldenkende Männer, die im Lauf der Zeit ihre Kraft und ihr Vermögen auf mannigfache Weise ihren Mitbürgern zugutekommen ließen. So waren sie wurzelfest geworden in der Heimat. Noch in meiner Knabenzeit gab es unter den tüchtigeren Handwerkern fast keine Familie, wo nicht von den Voreltern oder Eltern eines in den Diensten der Unserigen gestanden hätte; sei es auf den Schiffen oder in den Fabriken oder auch im Hause selbst. – Es waren Verhältnisse des gegenseitigen Vertrauens; jeder rühmte sich des andern und suchte sich des andern wert zu zeigen; wie ein Erbe ließen es die Eltern ihren Kindern; sie kannten sich alle, über Geburt und Tod hinaus, denn sie kannten Art und Geschlecht der Jungen, die geboren wurden, und der Alten, die vor ihnen da gewesen waren.« – Der Amtsrichter schwieg einen Augenblick, während der Knabe unbeweglich zu ihm emporsah. »Aber nicht allein in die Höhe«, fuhr er fort, »auch in die Tiefe haben deine Voreltern gebaut; zu dem steinernen Hause in der Stadt gehörte die Gruft draußen auf dem Kirchhof; denn auch die Toten sollten noch beisammen sein. – Und seltsam, da ich des inne ward, dass ich fort musste, mein erster Gedanke war, ich könnte dort den Platz verfehlen. – Ich habe sie mehr als einmal offen gesehen; das letzte Mal, als deine Urgroßmutter starb, eine Frau in hohen Jahren, wie sie den Unserigen vergönnt zu sein pflegen. – Ich vergesse den Tag nicht. Ich war hinabgestiegen und stand unten in der Dunkelheit zwischen den Särgen, die neben und über mir auf den eisernen Stangen ruhten; die ganze alte Zeit, eine ernste schweigsame Gesellschaft. Neben mir war der Totengräber, ein eisgrauer Mann. Aber einst war er jung gewesen und hatte als Kutscher, den schwarzen Pudel zwischen den Knien, die Rappen meines Großvaters gefahren. – Er stand an einen hohen Sarg gelehnt und ließ wie liebkosend seine Hand über das schwarze Tuch des Deckels gleiten. ›Dat is min ole Herr!‹, sagte er in seinem Plattdeutsch. ›Dat weer en gude Mann!‹ – Mein Kind, nur dort zu Hause konnte ich solche Worte hören. Ich neigte unwillkürlich das Haupt; denn mir war, als fühlte ich den Segen der Heimat sich leibhaftig auf mich niedersenken. Ich war der Erbe dieser Toten; sie selbst waren zwar dahingegangen; aber ihre Güte und Tüchtigkeit lebte noch und war für mich da und half mir, wo ich selber irrte, wo meine Kräfte mich verließen. – Und auch jetzt noch, wenn ich – mir und den Meinen nicht zur Freude, aber getrieben von jenem geheimnisvollen Weh – auf kurze Zeit zurückkehrte, ich weiß es wohl, dem sich dann alle Hände dort entgegenstreckten, das war nicht ich allein.«

Er war aufgestanden und hatte einen Fensterflügel aufgestoßen. Weithin dehnte sich das Schneefeld; der Wind sauste; unter den Sternen vorüber jagten die Wolken; dorthin, wo in unsichtbarer Ferne ihre Heimat lag. – Er legte fest den Arm um seine Frau, die ihm schweigend gefolgt war; seine lichtblauen Augen lugten scharf in die Nacht hinaus. »Dort!«, sprach er leise; »ich will den Namen nicht nennen; er wird nicht gern gehört in deutschen Landen; wir wollen ihn still in unserm Herzen sprechen, wie die Juden das Wort für den Allerheiligsten.« Und er ergriff die Hand seines Kindes und presste sie so fest, dass der Junge die Zähne zusammenbiss.

Noch lange standen sie und blickten dem dunklen Zuge der Wolken nach. – Hinter ihnen im Zimmer ging lautlos die alte Magd umher und hütete sorgsamen Auges die allmählich niederbrennenden Weihnachtskerzen.

(Auszug)

Anna Ritter

Vom Christkind

Denkt euch, ich habe das Christkind gesehen!
Es kam aus dem Walde, das Mützchen voll Schnee,
mit rot gefrorenem Näschen.
Die kleinen Hände taten ihm weh,
denn es trug einen Sack, der war gar schwer,
schleppte und polterte hinter ihm her –
was drin war, möchtet ihr wissen?
Ihr Naseweise, ihr Schelmenpack –
meint ihr, er wäre offen, der Sack?
Zugebunden bis oben hin!
Doch war gewiss etwas Schönes drin:
Es roch so nach Äpfeln und Nüssen!

Lebkuchen-Hexenhaus

Zubereitungszeit: 2 Stunden
Ruhezeit: 1 Stunde
Backzeit (Hexenhaus): 12 Minuten
Backzeit (Makronen): 1 Stunde

Zutaten:
400 g gemahlene geschälte Mandeln
200 g Zucker
1 Ei
2 Eigelb
1 Prise Salz

Für die Makronen:
1 Eiweiß
einige Tropfen frisch gepresster
Zitronensaft
50 g Zucker
1 EL Pistazien, gehackt
1 EL Kokosraspeln
1 EL feine Zuckerperlen

Zum Ausrollen und Zusammenkleben:
Mehl
200 g Puderzucker
1 Eiweiß
Kakaopulver
Zimt
Zucker

Außerdem:
Papier für die Schablonen
Backpapier
Spritzbeutel mit feiner Tülle

1 Für das Hexenhaus Schablonen aus dünner Pappe oder festem Papier schneiden. Das Backblech mit Backpapier belegen. Den Backofen auf 175 °C (Ober-/Unterhitze) vorheizen.

2 In einer großen Schüssel die Mandeln, den Zucker, das Ei, die Eigelbe und das Salz mit den Knethaken des Handrührgeräts zu einem glatten Teig verkneten und 1 Stunde zugedeckt ruhen lassen. Dann eine Arbeitsfläche mit Mehl bestäuben und den Teig darauf 1 cm dick ausrollen. Die Papierschablonen auflegen und die Bauteile ausschneiden. Im Ofen etwa 12 Minuten backen und die Teile auf einem Kuchengitter gut abkühlen lassen.

3 Für die Makronen das Eiweiß mit den Quirlen des Handrührgeräts sehr steif schlagen. Den Zitronensaft und den Zucker dabei dazugeben. Die Masse mit der Spritztüte in kleinen Tupfen von 1 cm

Durchmesser auf das mit Backpapier belegte kalte Blech setzen. Die Makronen mit Pistazien, Zuckerperlen oder Kokosraspeln bestreuen und im Backofen bei 100 °C 1 Stunde backen, ohne dass die Makronen Farbe annehmen.

4 Für den »Kleber« den Puderzucker in eine Schüssel sieben und das Eiweiß darunterrühren. Mit Zimt, Zucker und Kakaopulver so einfärben, dass er die Farbe der Bauteile des Hauses annimmt. Den Guss gut mit Frischhaltefolie abdecken, damit er nicht trocknet.

5 Die kurzen Kanten der Hausseiten dick mit »Kleber« bestreichen und mit den Giebeln zusammensetzen. Auch das Dach ankleben. Gegebenenfalls mit Büchern abstützen, bis alles getrocknet ist. Danach die Makronen als Verzierung an das Häuschen kleben.

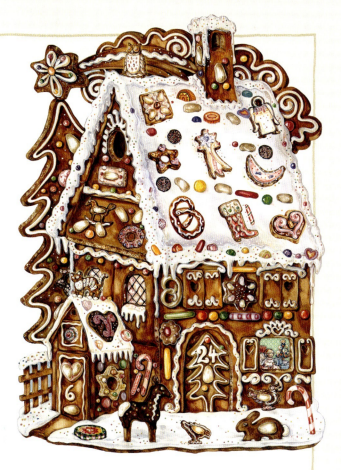

Tipp: Man kann das Häuschen auch mit Keksen oder Smarties dekorieren.

Dachseite (2 x)
1 Rechteck 20 x 13 cm

Seitenwand (2 x)
1 Rechteck 20 x 5 cm

Giebelteil (2 x)
unten 16 cm lang, 5 cm hoch und dann 10 cm bis zur Giebelspitze

Hans Christian Andersen

Das Mädchen mit den Schwefelhölzern

Es war so grässlich kalt; es schneite und es begann dunkler Abend zu werden; es war auch der letzte Abend des Jahres, Silvesterabend. In dieser Kälte und in diesem Dunkel ging auf der Straße ein kleines, armes Mädchen mit bloßem Kopf und nackten Füßen; ja, sie hatte freilich Pantoffeln angehabt, als sie von zu Hause kam, aber was konnte das helfen? Es waren sehr große Pantoffeln, die ihre Mutter bisher benutzt hatte, so groß waren sie. Und die verlor die Kleine, als sie über die Straße wegeilte, weil zwei Wagen schrecklich schnell vorbeifuhren; der eine Pantoffel war nicht wiederzufinden und mit dem andern lief ein Junge fort; er sagte, dass er ihn als Wiege benützen könne, wenn er selbst einmal Kinder bekäme.

Da ging nun das kleine Mädchen auf den nackten kleinen Füßen, die rot und blau vor Kälte waren; in einer alten Schürze trug sie eine Menge Schwefelhölzchen, und ein Bund davon hielt sie in der Hand; niemand hatte ihr den ganzen Tag etwas abgekauft, niemand ihr einen Pfennig geschenkt. Hungrig und erfroren ging sie und sah so elend aus, die arme Kleine. Die Schneeflocken fielen in ihr langes blondes Haar, das sich so schön um den Nacken lockte; aber an diese Pracht dachte sie nun freilich nicht. Aus allen Fenstern leuchteten die Lichter und dann roch es so herrlich nach Gänsebraten auf der Straße; es war ja Silvesterabend. Ja, daran dachte sie!

In einem Winkel zwischen zwei Häusern, von denen das eine etwas mehr in die Straße vorsprang als das andere, da setzte sie sich hin und kauerte sich zusammen; die kleinen Beine hatte sie unter sich hinaufgezogen; aber sie fror noch mehr, und nach Hause gehen durfte sie nicht, sie hatte ja keine Schwefelhölzchen verkauft, nicht einen einzigen Pfennig bekommen, ihr Vater würde sie schlagen, und kalt war es auch zu Hause, sie hatten nur das Dach gleich über sich, und da pfiff der Wind herein, wenn auch die größten Spalten mit Stroh und Lumpen zugestopft waren. Ihre kleinen Hände waren vor Kälte beinahe ganz abgestorben. Ach, ein kleines Schwefelhölzchen konnte guttun! Wenn sie nur ein einziges aus dem Bunde herausziehen, es an die Wand streichen und sich die Finger wärmen dürfte. Sie zog eins heraus. Ritsch, wie sprühte das, wie brannte es! Es war eine warme, helle Flamme wie ein Lichtchen, als sie die Hände darumhielt; es war ein wunderbares Lichtchen! Dem kleinen Mädchen schien es, als säße sie vor einem großen eisernen Ofen mit blanken Messingfüßen und einem messingenen Aufsatz; das Feuer brannte darin so wohltuend, es wärmte so gut.

Nein, was war das! – Die Kleine streckte schon die Füße aus, um auch diese zu erwärmen – da erlosch das Flämmchen. Der Ofen verschwand – sie saß mit einem kleinen Stumpf des abgebrannten Schwefelhölzchens in der Hand.

Ein zweites wurde angestrichen, es brannte, es leuchtete, und wo der Schein auf die Mauer fiel, wurde diese durchsichtig wie ein Schleier: Sie sah gerade in die Stube hinein, wo der Tisch gedeckt stand mit einem schimmernden weißen Tuch, mit feinem Porzellan, und herrlich dampfte die gebratene Gans, mit Äpfeln und getrockneten Pflaumen gefüllt. Und was noch prächtiger war, die Gans sprang von der Schüssel herunter und wackelte auf dem Fußboden, mit Messer und Gabel im Rücken, gerade bis zu dem armen Mädchen hin kam sie; da erlosch das Schwefelhölzchen, und es war nur noch die dicke, kalte Mauer zu sehen.

Sie zündete ein neues an. Da saß sie unter dem herrlichsten Christbaum; er war noch größer und geputzter als der, den sie durch die Glastüre bei dem reichen Kaufmann jetzt beim letzten Weihnachtsfest gesehen hatte; Tausende von Lichtern brannten auf den grünen Zweigen, und bunte Bilder, wie sie die Schaufenster schmückten, sahen auf sie herab. Die Kleine streckte beide Hände in die Höhe – da erlosch das Schwefelhölzchen; die vielen Weihnachtslichter stiegen höher und höher und höher, sie sah, es waren nun die klaren Sterne, einer davon fiel herunter und bildete einen langen Feuerstreifen am Himmel.

»Jetzt stirbt jemand!«, sagte die Kleine; denn die alte Großmutter, die Einzige, die gut zu ihr gewesen, aber nun tot war, hatte gesagt: Wenn ein Stern fällt, geht eine Seele empor zu Gott.

Sie strich wieder ein Schwefelhölzchen an der Mauer an, das leuchtete ringsum, und in dem Glanz stand die alte Großmutter, so klar, so schimmernd, so mild und gesegnet.

»Großmutter!«, rief die Kleine, »o, nimm mich mit! Ich weiß, du bist fort, wenn das Schwefelhölzchen ausgeht, fort, wie der warme Ofen, der herrliche Gänsebraten und der große gesegnete Weihnachtsbaum!« – Und sie strich in Eile den ganzen Rest

Schwefelhölzer an, die im Bund waren, sie wollte die Großmutter recht festhalten; und die Schwefelhölzer leuchteten mit solch einem Glanz, dass es heller war als der lichte Tag. Die Großmutter war nie zuvor so schön, so groß gewesen; sie hob das kleine Mädchen auf ihren Arm, und sie flogen in Glanz und Freude so hoch, so hoch; und da war keine Kälte, kein Hunger, keine Angst – sie waren bei Gott.

Aber im Winkel am Hause saß in der kalten Morgenstunde das kleine Mädchen mit roten Wangen, mit einem Lächeln um den Mund – tot, erfroren am letzten Abend des alten Jahres. Der Neujahrsmorgen ging auf über der kleinen Leiche, die da saß mit den Schwefelhölzern, von denen ein Bund fast abgebrannt war.

Sie hat sich wärmen wollen, sagte man; niemand wusste, was sie Schönes gesehen, in welchem Glanz sie mit der alten Großmutter eingegangen war in die Neujahrsfreude.

Joachim Ringelnatz

Weihnachten

Liebeläutend zieht durch Kerzenhelle,
mild, wie Wälderduft, die Weihnachtszeit,
und ein schlichtes Glück streut auf die Schwelle
schöne Blumen der Vergangenheit.

Hand schmiegt sich an Hand im engen Kreise,
und das alte Lied von Gott und Christ
bebt durch Seelen und verkündet leise,
dass die kleinste Welt die größte ist.

Pomander

Diese natürlichen Duftkugeln verströmen ein weihnachtliches Aroma. Die Herstellung ist einfach: Zitronen oder Orangen waschen und mit einer dünnen Stricknadel Motive vorstechen. Die Löcher mit Gewürznelken spicken.

Sie können Pomander zu Potpourris mit Sternanis, Zimtstangen und Tannenzweiglein zusammenstellen, mit Kerzen bestecken, arrangieren oder mit Kordeln aufhängen. Dazu fixieren Sie die Kordel mit Blumendraht im Stielansatz der Frucht oder umflechten sie mit dünnem Goldband.

Schön sind auch selbst gemachte Adventsgestecke oder -kränze, in die man Pomander einarbeitet.

Tipp: Verschenken Sie einen Pomander mit selbst gezogenen Kerzen oder einer hübschen Dose mit selbst gebackenen Plätzchen.

Die traditionellen Weihnachtsgewürze sind Zimt und Sternanis, aber auch Kardamom, Koriander, Muskatnuss, Ingwer, Vanille und Gewürznelken. Im Mittelalter nannte man sie allgemein Pfeffer, da sie ebenso kostbar und teuer waren wie der Pfeffer selbst. Die Beschaffung aus dem Orient über lange, gefährliche Handelswege machte sie deshalb zu einer kostbaren Rarität. Gewürze wurden daher auch als Zahlungsmittel verwendet.

Morgen kommt der Weihnachtsmann

Bring uns, lieber Weihnachtsmann,
bring auch morgen, bringe
eine schöne Eisenbahn,
Bauernhof mit Huhn und Hahn,
einen Pfefferkuchenmann,
lauter schöne Dinge.

Doch du weißt ja unsern Wunsch,
kennst ja unsre Herzen.
Kinder, Vater und Mama,
auch sogar der Großpapa,
alle, alle sind wir da,
warten dein mit Schmerzen.

Text: nach Hoffmann von Fallersleben
Melodie: aus Frankreich

Clement Clarke Moore

Als der Nikolaus kam

In der Nacht vor dem Christfest, da regte im Haus
sich niemand und nichts, nicht mal eine Maus.
Die Strümpfe, die hingen paarweis am Kamin
und warteten drauf, dass Sankt Niklas erschien.
Die Kinder lagen gekuschelt im Bett
und träumten vom Apfel- und Nüsseballett.
Die Mutter schlief tief, und auch ich schlief brav,
wie die Murmeltiere im Winterschlaf,
als draußen vorm Hause ein Lärm losbrach,
dass ich aufsprang und dachte: Siehst rasch einmal nach!
Ich rannte zum Fenster, und fast noch im Lauf
stieß ich die knarrenden Läden auf.
Es hatte geschneit, und der Mondschein lag
so silbern auf allem, als sei's heller Tag.
Acht winzige Rentierchen kamen gerannt,
vor einen ganz, ganz kleinen Schlitten gespannt!
Auf dem Bock saß ein Kutscher, so alt und so klein,
dass ich wusste, das kann nur der Nikolaus sein!
Die Rentiere kamen daher wie der Wind,
und der Alte, der pfiff, und er rief: »Geschwind!
Renn, Renner! Tanz, Tänzer! Flieg, fliegende Hitz'!
Hui, Sternschnupp'! Hui, Liebling! Hui, Donner und Blitz!
Die Veranda hinauf und die Hauswand hinan!
Immer fort mit euch! Fort mit euch! Hui, mein Gespann!«
Wie das Laub, das der Herbststurm die Straßen langfegt
und, steht was im Weg, in den Himmel hochträgt,
so trug es den Schlitten auf unser Haus
samt dem Spielzeug und samt dem Sankt Nikolaus!

Kaum war das geschehen, vernahm ich schon schwach
das Stampfen der zierlichen Hufe vom Dach.
Dann wollt' ich die Fensterläden zuziehn,
da plumpste der Nikolaus in den Kamin!
Sein Rock war aus Pelzwerk, vom Kopf bis zum Fuß.
Jetzt klebte er freilich voll Asche und Ruß.
Sein Bündel trug Nikolaus huckepack,
so wie die Hausierer bei uns ihren Sack.
Zwei Grübchen, wie lustig! Wie blitzte sein Blick!
Die Bäckchen zartrosa, die Nas' rot und dick!
Der Bart war schneeweiß, und der drollige Mund
sah aus wie gemalt, so klein und halbrund.
Im Munde, da qualmte ein Pfeifenkopf,
und der Rauch, der umwand wie ein Kranz seinen Schopf.
Ich lachte hell, wie er so vor mir stand,
ein rundlicher Zwerg aus dem Elfenland.
Er schaute mich an und schnitt ein Gesicht,
als wollte er sagen: »Nun, fürchte dich nicht!«
Das Spielzeug stopfte er, eifrig und stumm,
in die Strümpfe, war fertig, drehte sich um,
hob den Finger zur Nase, nickte mir zu,
kroch in den Kamin und war fort im Nu!
In den Schlitten sprang er und pfiff dem Gespann,
da flogen sie schon über Tal und Tann.
Doch ich hört' ihn noch rufen, von fern klang es sacht:
»Frohe Weihnachten allen, und allen gut' Nacht!«

Kinderausstecher

Für etwa 45 Stück

Kühlzeit: 1 Stunde
Zubereitungszeit: 1 Stunde 30 Minuten
Backzeit: ca. 12 Minuten

Zutaten:
250 g Weizenmehl
2 EL Puderzucker
1 Pck. Vanillezucker
1 Prise Salz
150 g weiche Butter (oder Margarine)
50 g Sauerrahm (20 % Fett)

Außerdem:
Frischhaltefolie
Backpapier
Mehl zum Ausrollen
1 Eigelb
Zuckerstreusel und -kugeln
Goldperlen
Schokoplättchen
Nüsse
Ausstecher

1 In einer großen Schüssel alle Zutaten zuerst mit den Knethaken des Handrührgeräts, dann mit den Händen zu einem glatten Teig verkneten. Eine Kugel formen, in Frischhaltefolie einschlagen und mindestens 1 Stunde in den Kühlschrank stellen.

2 Den Backofen auf 180 °C vorheizen und die Backbleche mit Backpapier belegen.

3 Den Teig portionsweise auf einer bemehlten Arbeitsfläche etwa 5 mm dick ausrollen. Plätzchen ausstechen und auf die vorbereiteten Bleche legen. In einer kleinen Schüssel das Eigelb mit etwas kaltem Wasser gründlich verquirlen und die Plätzchen damit bestreichen. Mit Nüssen und Zuckerzeug verzieren. Die Kinderausstecher im heißen Ofen in etwa 12 Minuten goldgelb backen und auf einem Kuchengitter auskühlen lassen.

Schneeflöckchen, Weißröckchen

Schnee-flöck-chen, Weiß-röck-chen, wann kommst du ge-schneit? Du wohnst in den Wol-ken, dein Weg ist so weit.

Komm setz dich ans Fenster,
du lieblicher Stern,
malst Blumen und Blätter,
wir haben dich gern.

Schneeflöckchen, du deckst uns
die Blümelein zu,
dann schlafen sie sicher
in himmlischer Ruh.

Text: nach Hedwig Haberkorn
Melodie: volkstümlich

Adalbert Stifter
Bergkristall

inmal war am heiligen Abende, da die erste Morgendämmerung in dem Tale von Gschaid in Helle übergegangen war, ein dünner, trockener Schleier über den ganzen Himmel gebreitet, sodass man die ohnedem schiefe und ferne Sonne im Südosten nur als einen undeutlichen roten Fleck sah, überdies war an diesem Tage eine milde, beinahe laulichte Luft unbeweglich im ganzen Tale und auch an dem Himmel, wie die unveränderte und ruhige Gestalt der Wolken zeigte. Da sagte die Schustersfrau zu ihren Kindern: »Weil ein so angenehmer Tag ist, weil es so lange nicht geregnet hat und die Wege fest sind, und weil es auch der Vater gestern unter der Bedingung erlaubt hat, wenn der heutige Tag dazu geeignet ist, so dürft ihr zur Großmutter nach Millsdorf gehen; aber ihr müsst den Vater noch vorher fragen.«

Die Kinder, welche noch in ihren Nachtkleidchen dastanden, liefen in die Nebenstube, in welcher der Vater mit einem Kunden sprach, und baten um die Wiederholung der gestrigen Erlaubnis, weil ein so schöner Tag sei. Sie wurde ihnen erteilt und sie liefen wieder zur Mutter zurück.

Die Schustersfrau zog nun ihre Kinder vorsorglich an, oder eigentlich, sie zog das Mädchen mit dichten, gut verwahrenden Kleidern an; denn der Knabe begann sich selber anzukleiden und stand viel früher fertig da, als die Mutter mit dem Mädchen hatte ins Reine kommen können. Als sie dieses Geschäft vollendet hatte, sagte sie: »Konrad, gib wohl acht: Weil ich dir das Mädchen mitgehen lasse, so müsset ihr beizeiten fortgehen, ihr müsset an keinem Platze stehen bleiben, und wenn ihr bei der Großmutter gegessen habt, so müsset ihr gleich wieder umkehren und nach Hause trachten; denn die Tage sind jetzt sehr kurz und die Sonne geht gar bald unter.«

»Ich weiß es schon, Mutter«, sagte Konrad.

»Und siehe gut auf Sanna, dass sie nicht fällt oder sich erhitzt.«

»Ja, Mutter.«

»So, Gott behüte euch, und geht noch zum Vater und sagt, dass ihr jetzt fortgeht.«

Der Knabe nahm eine von seinem Vater kunstvoll aus Kalbfellen genähte Tasche an einem Riemen um die Schulter, und die Kinder gingen in die Nebenstube, um dem Vater Lebewohl zu sagen. Aus dieser kamen sie bald heraus und hüpften, von der Mutter mit einem Kreuze besegnet, fröhlich auf die Gasse.

Sie gingen schleunig längs des Dorfplatzes hinab und dann durch die Häusergasse und endlich zwischen den Planken der Obstgärten in das Freie hinaus. Die Sonne stand schon über dem mit milchigen Wolkenstreifen durchwobenen Wald der morgendlichen Anhöhen, und ihr trübes, rötliches Bild schritt durch die laublosen Zweige der Holzäpfelbäume mit den Kindern fort.

In dem ganzen Tale war kein Schnee, die größeren Berge, von denen er schon viele Wochen herabgeglänzt hatte, waren damit bedeckt, die kleineren standen in dem Mantel ihrer Tannenwälder und im Fahlrot ihrer entblößten Zweige unbeschneit und ruhig da. Der Boden war noch nicht gefroren, und er wäre vermöge der vorhergegangenen langen regenlosen Zeit ganz trocken gewesen, wenn ihn nicht die Jahreszeit mit einer zarten Feuchtigkeit überzogen hätte, die ihn aber nicht schlüpfrig, sondern eher fest und widerprallend machte, dass sie leicht und gering darauf fortgingen. Das wenige Gras, welches noch auf den Wiesen und vorzüglich an den Wassergräben derselben war, stand in herbstlichem Ansehen. Es lag kein Reif und bei näherem Anblicke nicht einmal ein Tau, was nach der Meinung der Landleute baldigen Regen bedeutet.

Gegen die Grenzen der Wiesen zu war ein Gebirgsbach, über welchen ein hoher Steg führte. Die Kinder gingen auf den Steg und schauten hinab. Im Bache war schier kein Wasser, ein dünner Faden von sehr stark blauer Farbe ging durch die trockenen Kiesel des Gerölles, die wegen Regenlosigkeit ganz weiß geworden waren, und sowohl die Wenigkeit als auch die Farbe des Wassers zeigten an, dass in den größeren Höhen schon Kälte herrschen müsse, die den Boden verschließe, dass er mit seiner Erde das Wasser nicht trübe, und die das Eis erhärte, dass es in seinem Innern nur wenige klare Tropfen abgeben könne.

Von dem Stege liefen die Kinder durch die Gründe fort und näherten sich immer mehr den Waldungen.

Sie trafen endlich die Grenze des Holzes und gingen in demselben weiter.

Als sie in die höheren Wälder des Halses hinaufgekommen waren, zeigten sich die langen Furchen des Fahrweges nicht mehr weich, wie es unten im Tale der Fall gewesen war, sondern sie waren fest, und zwar nicht aus Trockenheit, sondern, wie die Kinder sich bald überzeugten, weil sie gefroren waren. An manchen Stellen waren sie so überfroren, dass sie die Körper der Kinder trugen. Nach der Natur der Kinder gingen sie nun nicht mehr auf dem glatten Pfade neben dem Fahrwege, sondern in den Gleisen und versuchten, ob dieser oder jener Furchenaufwurf sie schon trage. Als sie nach Verlauf einer Stunde auf der Höhe des Halses angekommen waren, war der Boden bereits so hart, dass er klang und Schollen wie Steine hatte.

An der roten Unglückssäule des Bäckers bemerkte Sanna zuerst, dass sie heute gar nicht dastehe. Sie gingen zu dem Platze hinzu und sahen, dass der runde, rot angestrichene Balken, der das Bild trug, in dem dürren Grase lag, das wie dünnes Stroh an der Stelle stand und den Anblick der liegenden Säule verdeckte. Sie sahen zwar nicht ein, warum die Säule liege, ob sie umgeworfen worden oder ob sie von selber umgefallen sei, das sahen sie, dass sie an der Stelle, wo sie in die Erde ragte, sehr morsch war, und dass sie daher sehr leicht habe umfallen können; aber da sie einmal lag, so machte es ihnen Freude, dass sie das Bild und die Schrift so nahe betrachten konnten, wie es sonst nie der Fall gewesen war. Als sie alles – den Korb mit den Semmeln, die bleichen Hände des Bäckers, seine geschlossenen Augen, seinen grauen Rock und die umstellenden Tannen betrachtet hatten, als sie die Schrift gelesen und laut gesagt hatten, gingen sie wieder weiter.

Abermals nach einer Stunde wichen die dunkeln Wälder zu beiden Seiten zurück, dünn stehende Bäume, teils einzelne Eichen, teils Birken und Gebüschgruppen empfingen sie, geleiteten sie weiter, und nach Kurzem liefen sie auf den Wiesen in das Millsdorfer Tal hinab.

Obwohl dieses Tal bedeutend tiefer liegt als das von Gschaid und auch um so viel wärmer war, dass man die Ernte immer um vierzehn Tage früher beginnen konnte als in Gschaid, so war doch auch hier der Boden gefroren, und als die Kinder bis zu den Loh- und Walkwerken des Großvaters gekommen waren, lagen auf dem Wege, auf den die Räder oft Tropfen herausspritzten, schöne Eistäfelchen. Den Kindern ist das gewöhnlich ein sehr großes Vergnügen.

Die Großmutter hatte sie kommen gesehen, war ihnen entgegengegangen, nahm Sanna bei den erfrorenen Händchen und führte sie in die Stube.

Sie nahm ihnen die wärmeren Kleider ab, sie ließ in dem Ofen nachlegen und fragte sie, wie es ihnen im Herübergehen gegangen sei.

Als sie hierauf die Antwort erhalten hatte, sagte sie: »Das ist schon recht, das ist gut, es freut mich gar sehr, dass ihr wieder gekommen seid; aber heute müsst ihr bald fort, der Tag ist kurz, und es wird auch kälter, am Morgen war es in Millsdorf nicht gefroren.«

»In Gschaid auch nicht«, sagte der Knabe.

»Siehst du, darum müsst ihr euch sputen, dass euch gegen Abend nicht zu kalt wird«, antwortete die Großmutter.

Hierauf fragte sie, was die Mutter mache, was der Vater mache und ob nichts Besonderes in Gschaid geschehen sei.

Nach diesen Fragen bekümmerte sie sich um das Essen, sorgte, dass es früher bereitet wurde als gewöhnlich, und richtete selber den Kindern kleine Leckerbissen zusammen, von denen sie wusste, dass sie eine Freude damit erregen würde. Dann wurde der Färber gerufen, die Kinder bekamen an dem Tische aufgedeckt wie große Personen und aßen nun mit Großvater und Großmutter, und die Letzte legte ihnen hierbei besonders Gutes vor. Nach dem Essen streichelte sie Sannas unterdessen sehr rot gewordene Wangen.

Hierauf ging sie geschäftig hin und her und steckte das Kalbfellränzchen des Knaben voll und steckte ihm noch allerlei in die Taschen. Auch in die Täschchen von Sanna tat sie allerlei Dinge. Sie gab jedem ein Stück Brot, es auf dem Wege zu verzehren, und in dem Ränzchen, sagte sie, seien noch zwei Weißbrote, wenn etwa der Hunger zu groß würde. »Für die Mutter habe ich einen guten gebrannten Kaffee mitgegeben«, sagte sie, »und in dem Fläschchen, das zugestopft und gut verbunden ist, befindet sich auch ein schwarzer Kaffeeaufguss, ein besserer, als die Mutter bei euch gewöhnlich macht, sie soll ihn nur kosten, wie er ist, er ist eine wahre Arznei, so kräftig, dass nur ein Schlückchen den Magen so wärmt, dass es den Körper in den kältesten Wintertagen nicht frieren kann. Die anderen Sachen, die in der Schachtel und in den Papieren im Ränzchen sind, bringt unversehrt nach Hause.«

Da sie noch ein Weilchen mit den Kindern geredet hatte, sagte sie, dass sie gehen sollten.

»Habe acht, Sanna«, sagte sie, »dass du nicht frierst, erhitze dich nicht; und dass ihr nicht aber die Wiesen hinauf und unter den Bäumen lauft. Etwa kommt gegen Abend ein Wind, da müsst ihr langsamer gehen. Grüßet Vater und Mutter und, sagt, sie sollen recht glückliche Feiertage haben.«

Die Großmutter küsste beide Kinder auf die Wangen und schob sie durch die Tür hinaus. Nichtsdestoweniger ging sie aber auch selber mit, geleitete sie durch den Garten, ließ sie durch das Hinterpförtchen hinaus, schloss wieder und ging in das Haus zurück.

Die Kinder gingen an den Eistäfelchen neben den Werken des Großvaters vorbei, sie gingen durch die Millsdorfer Felder und wendeten sich gegen die Wiesen hinan.

Als sie auf den Anhöhen gingen, wo, wie gesagt wurde, zerstreute Bäume und Gebüschgruppen standen, fielen äußerst langsam einzelne Schneeflocken.

»Siehst du, Sanna«, sagte der Knabe, »ich habe es gleich gedacht, dass wir Schnee bekommen; weißt du, da wir von zu Hause weggingen, sahen wir noch die Sonne, die so blutrot war wie eine Lampe bei dem heiligen Grabe, und jetzt ist nichts mehr von ihr zu erblicken, und nur der graue Nebel ist über den Baumwipfeln oben. Das bedeutet allemal Schnee.«

Die Kinder gingen freudiger fort, und Sanna war recht froh, wenn sie mit dem dunkeln Ärmel ihres Röckchens eine der fallenden Flocken auffangen konnte und wenn dieselbe recht lange nicht auf dem Ärmel zerfloß. Als sie endlich an dem äußersten Rand der Millsdorfer Höhen angekommen waren, wo es gegen die dunkeln Tannen des Halses hineingeht, war die dichte Waldwand schon recht lieblich gesprenkelt von den immer reichlicher herabfallenden Flocken. Sie gingen nunmehr in den dicken Wald hinein, der den größten Teil ihrer noch bevorstehenden Wanderung einnahm.

Es geht von dem Waldrande noch immer aufwärts, und zwar bis man zur roten Unglücksäule kommt, von wo sich, wie schon oben angedeutet wurde, der Weg gegen das Tal von Gschaid hinabwendet. Die Erhebung des Waldes von der Millsdorfer Seite aus ist sogar so steil, dass der Weg nicht gerade hinangeht, sondern dass er in sehr langen Abweichungen von Abend nach Morgen und von Morgen nach Abend hinanklimmt. An der ganzen Länge des Weges hinauf zur Säule und hinab bis zu den Wiesen von Gschaid sind hohe, dichte, ungelichtete Waldbestände, und sie werden erst ein wenig dünner, wenn man in die Ebene gelangt ist und gegen die Wiesen des Tales von Gschaid hinauskommt. Der Hals ist auch, wenn er gleich nur eine kleine Verbindung zwischen zwei großen Gebirgshäuptern abgibt, doch selbst so groß, dass er, in die Ebene gelegt, einen bedeutenden Gebirgsrücken abgeben würde.

Das Erste, was die Kinder sahen, als sie die Waldung betraten, war, dass der gefrorne Boden sich grau zeigte, als ob er mit Mehl besät wäre, dass die Fahne manches dünnen Halmes des am Wege hin und zwischen den Bäumen stehenden dürren Grases mit Flocken beschwert war und dass auf den verschiedenen grünen Zweigen der Tannen und Fichten, die sich wie Hände öffneten, schon weiße Fläumchen saßen.

»Schneit es denn jetzt bei dem Vater zu Hause auch?«, fragte Sanna. »Freilich«, antwortete der Knabe, »es wird auch kälter, und du wirst sehen, dass morgen der ganze Teich gefroren ist.«

»Ja, Konrad«, sagte das Mädchen.

Es verdoppelte beinahe seine kleinen Schritte, um mit denen des dahinschreitenden Knaben gleich bleiben zu können.

Sie gingen nun rüstig in den Windungen fort, jetzt von Abend nach Morgen, jetzt von Morgen nach Abend. Der von der Großmutter vorausgesagte Wind stellte sich nicht ein, im Gegenteile war es so stille, dass sich nicht ein Ästchen oder Zweig rührte, ja sogar es schien im Walde wärmer, wie es in lockeren Körpern, dergleichen ein Wald auch ist, immer im Winter zu sein pflegt, und die Schneeflocken fielen stets reichlicher, sodass der ganze Boden schon weiß war, dass der Wald sich grau zu bestäuben anfing und dass auf dem Hute und den Kleidern des Knaben sowie auf denen des Mädchens der Schnee lag.

Die Freude der Kinder war sehr groß. Sie traten auf den weichen Flaum, suchten mit dem Fuße absichtlich solche Stellen, wo er dichter zu liegen schien, um dorthin zu treten und sich den Anschein zu geben, als wateten sie bereits. Sie schüttelten den Schnee nicht von den Kleidern ab.

s war große Ruhe eingetreten. Von den Vögeln, deren doch manche auch zuweilen im Winter in dem Walde hin und her fliegen und von denen die Kinder im Herübergehen sogar mehrere zwitschern gehört hatten, war nichts zu vernehmen, sie sahen auch keine auf irgendeinem Zweige sitzen oder fliegen, und der ganze Wald war gleichsam ausgestorben.

Weil nur die bloßen Fußstapfen der Kinder hinter ihnen blieben und weil vor ihnen der Schnee rein und unverletzt war, so war daraus zu erkennen, dass sie die Einzigen waren, die heute über den Hals gingen.

Sie gingen in ihrer Richtung fort, sie näherten sich öfter den Bäumen, öfter entfernten sie sich, und wo dichtes Unterholz war, konnten sie den Schnee auf den Zweigen liegen sehen.

Ihre Freude wuchs noch immer; denn die Flocken fielen stets dichter, und nach kurzer Zeit brauchten sie nicht mehr den Schnee aufzusuchen, um in ihm zu waten; denn er lag schon so dicht, dass sie ihn überall weich unter den Sohlen empfanden und dass er sich bereits um ihre Schuhe zu legen begann; und wenn es so ruhig und heimlich war, so war es, als ob sie das Knistern des in die Nadeln herabfallenden Schnees vernehmen könnten. »Werden wir heute auch die Unglücksäule sehen?«, fragte das Mädchen, »sie ist ja umgefallen, und da wird es darauf schneien, und da wird die rote Farbe weiß sein.«

»Darum können wir sie doch sehen«, antwortete der Knabe, »wenn auch der Schnee auf sie fällt und wenn sie auch weiß ist, so müssen wir sie liegen sehen, weil sie eine dicke Säule ist und weil sie das schwarze eiserne Kreuz auf der Spitze hat, das doch immer herausragen wird.«

»Ja, Konrad.«

Indessen, da sie noch weitergegangen waren, war der Schneefall so dicht geworden, dass sie nur mehr die allernächsten Bäume sehen konnten.

Von der Härte des Weges oder gar von Furchenaufwerfungen war nichts zu empfinden, der Weg war vom Schnee überall gleich weich und war überhaupt nur daran zu erkennen, dass er als ein gleichmäßiger weißer Streifen in dem Walde fortlief. Auf allen Zweigen lag schon die schöne weiße Hülle.

Die Kinder gingen jetzt mitten auf dem Wege, sie furchten den Schnee mit ihren Füßlein und gingen langsamer, weil das Gehen beschwerlicher ward. Der Knabe zog seine Jacke empor an dem Halse zusammen, damit ihm nicht der Schnee in den Nacken falle, und er setzte den Hut tiefer in das Haupt, dass er geschützter sei. Er zog auch seinem Schwesterlein das Tuch, das ihm die Mutter um die Schultern gegeben hatte, besser zusammen und zog es ihm mehr vorwärts in die Stirne, dass es ein Dach bilde.

Der von der Großmutter vorausgesagte Wind war noch immer nicht gekommen, aber dafür wurde der Schneefall nach und nach so dicht, dass auch nicht mehr die nächsten Bäume zu erkennen waren, sondern dass sie wie neblige Säcke in der Luft standen.

Die Kinder gingen fort. Sie duckten die Köpfe dichter in ihre Kleider und gingen fort.

Sanna nahm den Riemen, an welchem Konrad die Kalbfelltasche um die Schulter hängen hatte, mit den Händchen, hielt sich daran, und so gingen sie ihres Weges.

Die Unglücksäule hatten sie noch immer nicht erreicht. Der Knabe konnte die Zeit nicht ermessen, weil keine Sonne am Himmel stand und weil es immer gleichmäßig grau war.

»Werden wir bald zu der Unglücksäule kommen?«, fragte Sanna.

»Ich weiß es nicht«, antwortete der Knabe, »ich kann heute die Bäume nicht sehen und den Weg nicht erkennen, weil er so weiß ist. Die Unglücksäule werden wir wohl gar nicht sehen, weil so viel Schnee liegen wird, dass sie verhüllt sein wird und dass kaum ein Gräschen oder ein Arm des schwarzen Kreuzes hervorragen wird. Aber es macht nichts. Wir gehen immer auf dem Wege fort, der Weg geht zwischen den Bäumen, und wenn er zu dem Platze der Unglücksäule kommt, dann wird er abwärtsgehen, wir gehen auf ihm fort, und wenn er aus den Bäumen hinausgeht, dann sind wir schon auf den Wiesen von Gschaid, dann kommt der Steg, und dann haben wir nicht mehr weit nach Hause.«

»Ja, Konrad«, sagte das Mädchen.

ie gingen auf ihrem aufwärtsführenden Wege fort. Die hinter ihnen liegenden Fußstapfen waren jetzt nicht mehr lange sichtbar; denn die ungemeine Fülle des herabfallenden Schnees deckte sie bald zu, dass sie verschwanden. Der Schnee knisterte in seinem Falle nun auch nicht mehr in den Nadeln, sondern legte sich eilig und heimlich auf die weiße schon darliegende Decke nieder. Die Kinder nahmen die Kleider noch fester, um das immerwährende allseitige Hinein-rieseln abzuhalten.

Sie gingen sehr schleunig und der Weg führte noch stets aufwärts.

Nach langer Zeit war noch immer die Höhe nicht erreicht, auf welcher die Unglücksäule stehen sollte und von wo der Weg gegen die Gschaider Seite sich hinunterwenden musste.

Endlich kamen die Kinder in eine Gegend, in welcher keine Bäume standen.

»Ich sehe keine Bäume mehr«, sagte Sanna.

»Vielleicht ist nur der Weg so breit, dass wir sie wegen des Schneiens nicht sehen können«, antwortete der Knabe.

»Ja, Konrad«, sagte das Mädchen.

Nach einer Weile blieb der Knabe stehen und sagte: »Ich sehe selber keine Bäume mehr, wir müssen aus dem Walde gekommen sein, auch geht der Weg immer bergan. Wir wollen ein wenig stehen bleiben und herumgehen, vielleicht erblicken wir etwas.«

Aber sie erblickten nichts. Sie sahen durch einen trüben Raum in den Himmel. Wie bei dem Hagel über die weißen oder grünlich gedunsenen Wolken die finsteren fransenartigen Streifen herabstarren, so war es hier, und das stumme Schütten dauerte fort. Auf der Erde sahen sie nur einen runden Fleck Weiß und dann nichts mehr.

»Weißt du, Sanna«, sagte der Knabe, »wir sind auf dem dürren Grase, auf welches ich dich oft im Sommer heraufgeführt habe, wo wir saßen und wo wir den Rasen betrachteten, der nacheinander hinaufgeht, und wo die schönen Kräuterbüschel wachsen. Wir werden da jetzt gleich rechts hinabgehen.«

»Ja, Konrad.«

»Der Tag ist kurz, wie die Großmutter gesagt hat und wie du auch wissen wirst, wir müssen uns daher sputen.«

»Ja, Konrad«, sagte das Mädchen.

»Warte ein wenig, ich will dich besser einrichten«, erwiderte der Knabe.

Er nahm seinen Hut ab, setzte ihn Sanna auf das Haupt und befestigte ihn mit den beiden Bändchen unter ihrem Kinne. Das Tüchlein, welches sie umhatte, schützte sie zu wenig, während auf seinem Haupte eine solche Menge dichter Locken war, dass noch lange Schnee darauf fallen konnte, ehe Nässe und Kälte durchzudringen vermochten. Dann zog er sein Pelzjäckchen aus und zog dasselbe über die Ärmelein der Schwester. Um seine eigenen Schultern und Arme, die jetzt das bloße Hemd zeigten, band er das kleinere Tüchlein, das Sanna über die Brust, und das größere, das sie über die Schultern gehabt hatte. Das sei für ihn genug, dachte er, wenn er nur stark auftrete, werde ihn nicht frieren.

Er nahm das Mädchen bei der Hand, und so gingen sie jetzt fort.

Das Mädchen schaute mit den willigen Äuglein in das ringsum herrschende Grau und folgte ihm gerne, nur dass es mit den kleinen eilenden Füßlein nicht so nachkommen konnte, wie er vorwärts strebte gleich einem, der es zur Entscheidung bringen wollte.

Sie gingen nun mit der Unablässigkeit und Kraft, die Kinder und Tiere haben, weil sie nicht wissen, wie viel ihnen beschieden ist und wann ihr Vorrat erschöpft ist.

Aber wie sie gingen, so konnten sie nicht merken, ob sie über den Berg hinabkämen oder nicht. Sie hatten gleich rechts nach abwärts gebogen, allein sie kamen wieder in Richtungen, die bergan führten, bergab und wieder bergan. Oft begegneten ihnen Steilheiten, denen sie ausweichen mussten, und ein Graben, in dem sie fortgingen, führte sie in einer Krümmung herum. Sie erklommen Höhen, die sich unter ihren Füßen steiler gestalteten, als sie dachten, und was sie für abwärts hielten, war wieder eben, oder es war eine Höhlung oder es ging immer gedehnt fort.

»Wo sind wir denn, Konrad?«, fragte das Mädchen.

»Ich weiß es nicht«, antwortete er.

»Wenn ich nur mit diesen meinen Augen etwas zu erblicken imstande wäre«, fuhr er fort, »dass ich mich danach richten könnte.«

Aber es war rings um sie nichts als das blendende Weiß, überall das Weiß, das aber selber nur einen immer kleineren Kreis um sie zog und dann in einen lichten, streifenweise niederfallenden Nebel überging, der jedes Weitere verzehrte und verhüllte. Und zuletzt nichts anderes war als der unersättlich niederfallende Schnee.

»Warte, Sanna«, sagte der Knabe, »wir wollen ein wenig stehen bleiben und horchen, ob wir nicht etwas hören können, was sich im Tale meldet, sei es nun ein Hund oder eine Glocke oder die Mühle, oder sei es ein Ruf, der sich hören lässt, hören müssen wir etwas, und dann werden wir wissen, wohin wir zu gehen haben.«

Sie blieben nun stehen, aber sie hörten nichts. Sie blieben noch ein wenig länger stehen, aber es meldete sich nichts, es war nicht ein einziger Laut, auch nicht der leiseste außer ihrem Atem zu vernehmen, ja in der Stille, die herrschte, war es, als sollten sie den Schnee hören, der auf ihre Wimpern fiel. Die Voraussage der Großmutter hatte sich noch immer nicht erfüllt, der Wind war nicht gekommen, ja was in diesen Gegenden selten ist, nicht das leiseste Lüftchen rührte sich an dem ganzen Himmel.

Nachdem sie lange gewartet hatten, gingen sie wieder fort.

»Es tut auch nichts, Sanna«, sagte der Knabe, »sei nur nicht verzagt, folge mir, ich werde dich doch noch hinüberführen. – Wenn nur das Schneien aufhörte!«

Sie war nicht verzagt, sondern hob die Füßchen, so gut es gehen wollte, und folgte ihm. Er führte sie in dem weißen, lichten, regsamen, undurchsichtigen Raume fort.

Nach einer Weile sahen sie Felsen. Sie hoben sich dunkel und undeutlich aus dem weißen und undurchsichtigen Lichte empor. Da die Kinder sich näherten, stießen sie fast daran. Sie stiegen wie eine Mauer hinauf und waren ganz gerade, sodass kaum ein Schnee an ihrer Seite haften konnte. »Sanna, Sanna«, sagte er, »da sind die Felsen, gehen wir nur weiter, gehen wir weiter.«

Sie gingen weiter, sie mussten zwischen die Felsen hinein und unter ihnen fort. Die Felsen ließen sie nicht rechts und nicht links ausweichen und führten sie in einem engen Wege dahin. Nach einer Zeit verloren sie dieselben wieder und konnten sie nicht mehr erblicken. So wie sie unversehens unter sie gekommen waren, kamen sie wieder unversehens von ihnen. Es war wieder nichts um sie als das Weiß, und ringsum war kein unterbrechendes Dunkel zu schauen. Es schien eine große Lichtfülle zu sein, und doch konnte man nicht drei Schritte vor sich sehen; alles war, wenn man so sagen darf, in eine einzige weiße Finsternis gehüllt, und weil kein Schatten war, so war kein Urteil über die Größe der Dinge, und die Kinder konnten nicht wissen, ob sie aufwärts oder abwärts gehen würden, bis eine Steilheit ihren Fuß fasste und ihn aufwärts zu gehen zwang.

»Mir tun die Augen weh«, sagte Sanna.

»Schaue nicht auf den Schnee«, antwortete der Knabe, »sondern in die Wolken. Mir tun sie schon lange weh; aber es tut nichts, ich muss doch auf den Schnee schauen, weil ich auf den Weg zu achten habe. Fürchte dich nur nicht, ich führe dich doch hinunter ins Gschaid.«

»Ja, Konrad.«

Sie gingen wieder fort; aber wie sie auch gehen mochten, wie sie sich auch wenden mochten, es wollte kein Anfang zum Hinabwärtsgehen kommen. An beiden Seiten waren steile Dachlehnen nach aufwärts, mitten gingen sie fort, aber auch immer aufwärts. Wenn sie den Dachlehnen entrannen und sie nach abwärts beugten, wurde es gleich so steil, dass sie wieder umkehren mussten, die Füßlein stießen oft auf Unebenheiten und sie mussten häufig Büheln ausweichen.

Sie merkten auch, dass ihr Fuß, wo er tiefer durch den jungen Schnee einsank, nicht erdigen Boden unter sich empfand, sondern etwas anderes, das wie älterer, gefrorener Schnee war; aber sie gingen immer fort und sie liefen mit Hast und Ausdauer. Wenn sie stehen blieben, war alles still, unermesslich still; wenn sie gingen, hörten sie das Rascheln ihrer Füße, sonst nichts; denn die Hüllen des Himmels sanken ohne Laut hernieder und so reich, dass man den Schnee hätte wachsen sehen können. Sie selber waren so bedeckt, dass sie sich von dem allgemeinen Weiß nicht hervorhoben und sich, wenn sie um ein paar Schritte getrennt worden wären, nicht mehr gesehen hätten.

Eine Wohltat war es, dass der Schnee so trocken war wie Sand, so dass er von ihren

Füßen und den Bundschühlein und Strümpfen daran leicht abglitt und abrieselte, ohne Ballen und Nässe zu machen.

Endlich gelangten sie wieder zu Gegenständen.

Es waren riesenhaft große, sehr durcheinanderliegende Trümmer, die mit Schnee bedeckt waren, der überall in die Klüfte hineinrieselte, und an die sie sich ebenfalls fast anstießen, ehe sie sie sahen. Sie gingen ganz hinzu, die Dinge anzublicken.

Es war Eis – lauter Eis.

Es lagen Platten da, die mit Schnee bedeckt waren, an deren Seitenwänden aber das glatte, grünliche Eis sichtbar war, es lagen Hügel da, die wie zusammengeschobener Schaum aussahen, an deren Seiten es aber matt nach einwärts flimmerte und glänzte, als wären Balken und Stangen von Edelsteinen durcheinandergeworfen worden, es lagen ferner gerundete Kugeln da, die ganz mit Schnee umhüllt waren, es standen Platten und andere Körper auch schief oder gerade aufwärts, so hoch wie der Kirchturm in Gschaid oder wie Häuser. In einigen waren Höhlen eingefressen, durch die man mit einem Arme durchfahren konnte, mit einem Kopfe, mit einem Körper, mit einem ganzen großen Wagen voll Heu. Alle diese Stücke waren zusammen- oder emporgedrängt und starrten, sodass sie oft Dächer bildeten oder Oberhänge, über deren Ränder sich der Schnee herüberlegte und herabgriff wie lange, weiße Tatzen. Selbst ein großer, schreckhaft schwarzer Stein, wie ein Haus, lag unter dem Eise und war emporgestellt, dass er auf der Spitze stand, dass kein Schnee an seinen Seiten liegen bleiben konnte. Und nicht dieser Stein allein – noch mehrere und größere staken in dem Eise, die man erst später sah und die wie eine Trümmermauer an ihm hingen.

»Da muss recht viel Wasser gewesen sein, weil so viel Eis ist«, sagte Sanna.

»Nein, das ist von keinem Wasser«, antwortete der Bruder, »das ist das Eis des Berges, das immer oben ist, weil es so eingerichtet ist.«

»Ja, Konrad«, sagte Sanna.

»Wir sind jetzt bis zu dem Eise gekommen«, sagte der Knabe, »wir sind auf dem Berge, Sanna, weißt du, den man von unserem Garten aus im Sonnenscheine so weiß sieht. Merke gut auf, was ich dir sagen werde. Erinnerst du dich noch, wie wir oft nachmittags in dem Garten saßen, wie es recht schön war, wie die Bienen um uns summten, die Linden dufteten und die Sonne von dem Himmel schien?«

»Ja, Konrad, ich erinnere mich.«

»Da sahen wir auch den Berg. Wir sahen, wie er so blau war, so blau wie das sanfte

Firmament, wir sahen den Schnee, der oben ist, wenn auch bei uns Sommer war, eine Hitze herrschte und die Getreide reif wurden.«

»Ja, Konrad.«

»Und unten, wo der Schnee aufhört, da sieht man allerlei Farben, wenn man genau schaut, grün, blau, weißlich – das ist das Eis, das unten nur so klein ausschaut, weil man sehr weit entfernt ist, und das, wie der Vater sagte, nicht weggeht bis an das Ende der Welt. Und da habe ich oft gesehen, dass unterhalb des Eises die blaue Farbe noch fortgeht, das werden Steine sein, dachte ich, oder es wird Erde und Weidegrund sein, und dann fangen die Wälder an, die gehen herab und immer weiter herab, man sieht auch allerlei Felsen in ihnen, dann folgen die Wiesen, die schon grün sind, und dann die grünen Laubwälder, und dann kommen unsere Wiesen und Felder, die in dem Tale von Gschaid sind. Siehst du nun, Sanna, weil wir jetzt bei dem Eise sind, so werden wir über die blaue Farbe hinabgehen, dann durch die Wälder, in denen die Felsen sind, dann über die Wiesen und dann durch die grünen Laubwälder, und dann werden wir in dem Tale von Gschaid sein und recht leicht unser Dorf finden.«

»Ja, Konrad«, sagte das Mädchen.

Die Kinder gingen nun in das Eis hinein, wo es zugänglich war. Sie waren winzig kleine, wandelnde Punkte in diesen ungeheuren Stücken. Wie sie so unter die Oberhänge hineinsahen, gleichsam als gäbe ihnen ein Trieb ein, ein Obdach zu suchen, gelangten sie in einen Graben, in einen breiten, tief gefurchten Graben, der gerade aus dem Eise hervorging. Er sah aus wie das Bett eines Stromes, der aber jetzt ausgetrocknet und überall mit frischem Schnee bedeckt war. Wo er aus dem Eise hervorkam, ging er gerade unter einem Kellergewölbe heraus, das recht schön aus Eis über ihn gespannt war.

Die Kinder gingen in dem Graben fort und gingen in das Gewölbe hinein und immer tiefer hinein. Es war ganz trocken und unter ihren Füßen hatten sie glattes Eis. In der ganzen Höhlung aber war es blau, so blau, wie gar nichts in der Welt ist, viel tiefer und viel schöner blau als das Firmament, gleichsam wie himmelblau gefärbtes Glas, durch welches Lichter Schein hineinsinkt. Es waren dickere und dünnere Bogen, es hingen Zacken, Spitzen und Troddeln herab, der Gang wäre noch tiefer zurückgegangen, sie wussten nicht wie tief, aber sie gingen nicht mehr weiter. Es wäre auch sehr gut in der Höhle gewesen, es war warm, es fiel kein

Schnee, aber es war so schreckhaft blau, die Kinder fürchteten sich und gingen wieder hinaus. Sie gingen eine Weile in dem Graben fort und kletterten dann über seinen Rand hinaus.

Sie gingen an dem Eise hin, sofern es möglich war, durch das Getrümmer und zwischen den Platten durchzudringen.

»Wir werden jetzt da noch hinübergehen und dann von dem Eise abwärts laufen«, sagte Konrad.

»Ja«, sagte Sanna und klammerte sich an ihn an.

Sie schlugen von dem Eise eine Richtung durch den Schnee abwärts ein, die sie in das Tal führen sollte.

Aber sie kamen nicht weit hinab. Ein neuer Strom von Eis, gleichsam ein riesenhaft aufgetürmter und aufgewölbter Wall, lag quer durch den weichen Schnee und griff gleichsam mit Armen rechts und links um sie herum. Unter der weißen Decke, die ihn verhüllte, glimmerte es seitwärts grünlich und bläulich und dunkel und schwarz und selbst gelblich und rötlich heraus. Sie konnten es nun auf weitere Strecken sehen, weil das ungeheure und unermüdliche Schneien sich gemildert hatte und nur mehr wie an gewöhnlichen Schneetagen vom Himmel fiel. Mit dem Starkmute der Unwissenheit kletterten sie in das Eis hinein, um den vorgeschobenen Strom desselben zu überschreiten und dann jenseits weiter hinabzukommen. Sie schoben sich in die Zwischenräume hinein, sie setzten den Fuß auf jedes Körperstück, das mit einer weißen Schneehaube versehen war, war es Fels oder Eis, sie nahmen die Hände zur Hilfe, krochen, wo sie nicht gehen konnten, und arbeiteten sich mit ihren leichten Körpern hinauf, bis sie die Seite des Walles überwunden hatten und oben waren. Jenseits wollten sie wieder hinabklettern.

Aber es gab kein Jenseits.

So weit die Augen der Kinder reichen konnten, war lauter Eis. Es standen Spitzen und Unebenheiten und Schollen empor wie lauter furchtbares, überschneites Eis. Statt ein Wall zu sein, über den man hinübergehen könnte und der dann wieder von Schnee abgelöst wurde, wie sie sich unten dachten, stiegen aus der Wölbung neue Wände von Eis empor, geborsten und geklüftet, mit unzähligen blauen geschlängelten Linien versehen, und hinter ihnen waren wieder solche Wände, und hinter diesen wieder solche, bis der Schneefall das Weitere mit seinem Grau verdeckte. »Sanna, da können wir nicht gehen«, sagte der Knabe.

»Nein«, antwortete die Schwester.

»Da werden wir wieder umkehren und anderswo hinabzukommen suchen.«

»Ja, Konrad.«

Die Kinder versuchten nun von dem Eiswalle wieder da hinabzukommen, wo sie hinaufgeklettert waren, aber sie kamen nicht hinab. Es war lauter Eis, als hätten sie die Richtung, in der sie gekommen waren, verfehlt. Sie wandten sich hierhin und dorthin und konnten aus dem Eise nicht herauskommen, als wären sie von ihm umschlungen.

Sie kletterten abwärts und kamen wieder in Eis. Endlich, da der Knabe die Richtung immer verfolgte, in der sie nach seiner Meinung gekommen waren, gelangten sie in zerstreutere Trümmer, aber sie waren auch größer und furchtbarer, wie sie gerne am Rande des Eises zu sein pflegen, und die Kinder gelangten kriechend und kletternd hinaus. An dem Eisessaume waren ungeheure Steine, sie waren gehäuft, wie sie die Kinder ihr Leben lang nicht gesehen hatten. Viele waren in Weiß gehüllt, viele zeigten die unteren schiefen Wände sehr glatt und fein geschliffen, als wären sie daraufgeschoben worden, viele waren wie Hütten und Dächer gegeneinandergestellt, viele lagen aufeinander wie ungeschlachte Knollen. Nicht weit von dem Standorte der Kinder standen mehrere mit den Köpfen gegeneinandergelehnt, und über sie lagen breite, gelagerte Blöcke wie ein Dach. Es war ein Häuschen, das gebildet war, das gegen vorne offen, rückwärts und an den Seiten aber geschätzt war. Im Innern war es trocken, da der steilrechte Schneefall keine einzige Flocke hineingetragen hatte. Die Kinder waren recht froh, dass sie nicht mehr in dem Eise waren und auf ihrer Erde standen.

Aber es war auch endlich finster geworden.

»Sanna«, sagte der Knabe, »wir können nicht mehr hinabgehen, weil es Nacht geworden ist und weil wir fallen oder gar in eine Grube geraten könnten. Wir werden da unter die Steine hineingehen, wo es trocken und so warm ist, und da werden wir warten. Die Sonne geht bald wieder auf, dann laufen wir hinunter. Weine nicht, ich bitte dich recht schön, weine nicht, ich gebe dir alle Dinge zu essen, welche uns die Großmutter mitgegeben hat.«

Sie weinte auch nicht, sondern, nachdem sie beide unter das steinerne Überdach hineingegangen waren, wo sie nicht nur bequem sitzen, sondern auch stehen und herumgehen konnten, setzte sie sich recht dicht an ihn und war mäuschenstille.

»Die Mutter«, sagte Konrad, »wird nicht böse sein, wir werden ihr von dem vielen Schnee erzählen, der uns aufgehalten hat, und sie wird nichts sagen; der Vater auch nicht. Wenn uns kalt wird – weißt du –, dann musst du mit den Händen an deinen Leib schlagen, wie die Holzhauer getan haben, und dann wird dir wärmer werden.«

»Ja, Konrad«, sagte das Mädchen.

Sanna wär nicht gar so untröstlich, dass sie heute nicht mehr über den Berg hinabgingen und nach Hause liefen, wie er etwa glauben mochte; denn die unermessliche Anstrengung, von der die Kinder nicht einmal gewusst hatten, wie groß sie gewesen sei, ließ ihnen das Sitzen süß, unsäglich süß erscheinen, und sie gaben sich hin.

etzt machte sich aber auch der Hunger geltend. Beide nahmen fast zu gleicher Zeit ihre Brote aus den Taschen und aßen sie. Sie aßen auch die Dinge – kleine Stückchen Kuchen, Mandeln und Nüsse und andere Kleinigkeiten –, die die Großmutter ihnen in die Tasche gesteckt hatte.

»Sanna, jetzt müssen wir aber auch den Schnee von unsern Kleidern tun,« sagte der Knabe, »dass wir nicht nass werden.«

»Ja, Konrad«, erwiderte Sanna.

Die Kinder gingen aus ihrem Häuschen, und zuerst reinigte Konrad das Schwesterlein von Schnee. Er nahm die Kleiderzipfel, schüttelte sie, nahm ihr den Hut ab, den er ihr aufgesetzt hatte, entleerte ihn von Schnee, und was noch zurückgeblieben war, das stäubte er mit einem Tuche ab. Dann entledigte er auch sich, so gut es ging, des auf ihm liegenden Schnees.

Der Schneefall hatte zu dieser Stunde ganz aufgehört. Die Kinder spürten keine Flocke.

Sie gingen wieder in die Steinhütte und setzten sich nieder. Das Aufstehen hatte ihnen die Müdigkeit erst recht gezeigt und sie freuten sich auf das Sitzen.

Konrad legte die Tasche aus Kalbfell ab. Er nahm das Tuch heraus, in welches die Großmutter eine Schachtel und mehrere Papierpäckchen gewickelt hatte, und tat es zu größerer Wärme um seine Schultern. Auch die zwei Weißbrote nahm er aus dem Ränzchen und reichte sie beide an Sanna; das Kind aß begierig. Es aß eines der Brote und von dem zweiten auch noch einen Teil. Den Rest reichte es aber Konrad, da es sah, dass er nicht aß. Er nahm es und verzehrte es. Von da an saßen die Kinder und schauten. So weit sie in der Dämmerung zu sehen vermochten, lag überall der flimmernde Schnee hinab, dessen einzelne winzige Täfelchen hie und da in der Finsternis seltsam zu funkeln begannen, als hätte er bei Tag das Licht eingezogen und gäbe es jetzt von sich.

ie Nacht brach mit der in großen Höhen gewöhnlichen Schnelligkeit herein. Bald war es ringsherum finster, nur der Schnee fuhr fort, mit seinem bleichen Lichte zu leuchten. Der Schneefall hatte nicht nur aufgehört, sondern der Schleier an dem Himmel fing auch an, sich zu verdünnen und zu verteilen; denn die Kinder sahen ein Sternlein blitzen. Weil der Schnee wirklich gleichsam ein Licht von sich gab und weil von den Wolken kein Schleier mehr herabhing, so konnten die Kinder von ihrer Höhle aus die Schneehügel sehen, wie sie sich in Linien von dem dunkeln Himmel abschnitten. Weil es in der Höhle viel wärmer war, als es an jedem andern Platze im ganzen Tage gewesen war, so ruhten die Kinder enge aneinandersitzend und vergaßen sogar die Finsternis zu fürchten. Bald vermehrten sich auch die Sterne, jetzt kam hier einer zum Vorscheine, jetzt dort, bis es schien, als wäre am ganzen Himmel keine Wolke mehr.

Das war der Zeitpunkt, in welchem man in den Tälern die Lichter anzuzünden pflegt. Zuerst wird eines angezündet und auf den Tisch gestellt, um die Stube zu erleuchten, oder es brennt auch nur ein Span oder es brennt das Feuer auf der Leuchte, und es erhellen sich alle Fenster von bewohnten Stuben und glänzen in die Schneenacht hinaus – aber heute erst – am Heiligen Abende – da wurden viel mehrere angezündet, um die Gaben zu beleuchten, welche für die Kinder auf den Tischen lagen oder an den Bäumen hingen, es wurden wohl unzählige angezündet; denn beinahe in jedem Hause, in jeder Hütte, jedem Zimmer war eines oder mehrere Kinder, denen der heilige Christ etwas gebracht hatte, und wozu man Lichter stellen musste. Der Knabe hatte geglaubt, dass man sehr bald von dem Berge hinabkommen könne, und doch, von den vielen Lichtern, die heute in dem Tale brannten, kam nicht ein einziges zu ihnen herauf; sie sahen nichts als den blassen Schnee und den dunkeln Himmel, alles andere war ihnen in die unsichtbare Ferne hinabgerückt. In allen Tälern bekamen die Kinder in dieser Stunde die Geschenke des heiligen Christ: Nur die zwei saßen oben am Rande des Eises, und die vorzüglichsten Geschenke, die sie heute hätten bekommen sollen, lagen in versiegelten Päckchen in der Kalbfelltasche im Hintergrunde der Höhle.

Die Schneewolken waren ringsum hinter die Berge hinabgesunken, und ein ganz dunkelblaues, fast schwarzes Gewölbe spannte sich um die Kinder voll von dichten, brennenden Sternen, und mitten durch diese Sterne war ein schimmerndes, breites, milchiges Band gewoben, das sie wohl auch unten im Tale, aber nie so deutlich gesehen hatten. Die Nacht rückte vor. Die Kinder wussten nicht, dass die Sterne gegen Westen rücken und weiter wandeln, sonst hätten sie an ihrem Vorschreiten den Stand der Nacht erkennen können; aber es kamen neue und gingen die alten, sie aber glaubten, es seien immer dieselben. Es wurde von dem Scheine der Sterne auch lichter um die Kinder; aber sie sahen kein Tal, keine Gegend, sondern überall nur Weiß – lauter Weiß. Bloß ein dunkles Horn, ein dunkles Haupt, ein dunkler Arm wurde sichtbar und ragte dort und hier aus dem Schimmer empor. Der Mond war nirgends am Himmel zu erblicken, vielleicht war er schon frühe mit der Sonne untergegangen, oder er ist noch nicht erschienen.

ls eine lange Zeit vergangen war, sagte der Knabe: »Sanna, du musst nicht schlafen; denn weißt du, wie der Vater gesagt hat, wenn man im Gebirge schläft, muss man erfrieren, so wie der alte Eschenjäger auch geschlafen hat und vier Monate tot auf dem Steine gesessen ist, ohne dass jemand gewusst hatte, wo er sei.«

»Nein, ich werde nicht schlafen«, sagte das Mädchen matt.

Konrad hatte es an dem Zipfel des Kleides geschüttelt, um es zu jenen Worten zu erwecken.

Nun war es wieder stille.

Nach einer Zeit empfand der Knabe ein sanftes Drücken gegen seinen Arm, das immer schwerer wurde. Sanna war eingeschlafen und war gegen ihn herübergesunken.

»Sanna, schlafe nicht, ich bitte dich, schlafe nicht«, sagte er.

»Nein«, lallte sie schlaftrunken, »ich schlafe nicht.«

Er rückte weiter von ihr, um sie in Bewegung zu bringen, allein sie sank um und hätte auf der Erde liegend fortgeschlafen. Er nahm sie an der Schulter und rüttelte sie. Da er sich dabei selber etwas stärker bewegte, merkte er, dass ihn friere und dass sein Arm schwerer sei. Er erschrak und sprang auf. Er ergriff die Schwester, schüttelte sie stärker und sagte: »Sanna, stehe ein wenig auf, wir wollen eine Zeit stehen, dass es besser wird.«

»Mich friert nicht, Konrad«, antwortete sie.

»Ja, ja, es friert dich, Sanna, stehe auf«, rief er.

»Die Pelzjacke ist warm«, sagte sie.

»Ich werde dir emporhelfen«, sagte er.

»Nein«, erwiderte sie und war stille.

Da fiel dem Knaben etwas anderes ein. Die Großmutter hatte gesagt: Nur ein Schlückchen wärmt den Magen so, dass es den Körper in den kältesten Wintertagen nicht frieren kann.

Er nahm das Kalbfellränzchen, öffnete es und griff so lange, bis er das Fläschchen fand, in welchem die Großmutter der Mutter einen schwarzen Kaffeeabsud schicken wollte. Er nahm das Fläschchen heraus, tat den Verband weg und öffnete mit Anstrengung den Kork. Dann bückte er sich zu Sanna und sagte: »Da ist der Kaffee, den die Großmutter der Mutter schickt, koste ihn ein wenig, er wird dir warm machen. Die Mutter gibt ihn uns, wenn sie nur weiß, wozu wir ihn nötig gehabt haben.«

Das Mädchen, dessen Natur zur Ruhe zog, antwortete: »Mich friert nicht.«

»Nimm nur etwas«, sagte der Knabe, »dann darfst du schlafen.«

Diese Aussicht verlockte Sanna, sie bewältigte sich so weit, dass sie das fast eingegossene Getränk verschluckte. Hierauf trank der Knabe auch etwas.

Der ungemein starke Auszug wirkte sogleich, und zwar umso heftiger, da die Kinder in ihrem Leben keinen Kaffee gekostet hatten. Statt zu schlafen, wurde Sanna nun lebhafter und sagte selber, dass sie friere, dass es aber von innen recht warm sei und auch schon in die Hände und Füße gehe. Die Kinder redeten sogar eine Weile miteinander.

So tranken sie trotz der Bitterkeit immer wieder von dem Getränke, sobald die Wirkung nachzulassen begann, und steigerten ihre unschuldigen Nerven zu einem Fieber, das imstande war, den zum Schlummer ziehenden Gewichten entgegenzuwirken.

Es war nun Mitternacht gekommen. Weil sie noch so jung waren und an jedem Heiligen Abende in höchstem Drange der Freude stets erst sehr spät entschlummerten, wenn sie nämlich der körperliche Drang übermannt hatte, so hatten sie nie das mitternächtliche Läuten der Glocken, nie die Orgel der Kirche gehört, wenn das Fest gefeiert wurde, obwohl sie nahe an der Kirche wohnten. In diesem Augenblicke der heutigen Nacht wurde nun mit allen Glocken geläutet, es läuteten die Glocken in Millsdorf, es läuteten die Glocken in Gschaid, und hinter dem Berge war noch ein Kirchlein mit drei hellen, klingenden Glocken, die läuteten.

In den fernen Ländern draußen waren unzählige Kirchen und Glocken, und mit allen wurde zu dieser Zeit geläutet, von Dorf zu Dorf ging die Tonwelle, ja man konnte wohl zuweilen von einem Dorfe zum andern durch die blätterlosen Zweige das Läuten hören: nur zu den Kindern herauf kam kein Laut, hier wurde nichts vernommen; denn hier war nichts zu verkündigen. In den Talkrümmen gingen jetzt an den Berghängen die Lichter der Laternen hin, und von manchem Hofe tönte das Hausglöcklein, um die Leute zu erinnern; aber dieses konnte umso weniger herauf gesehen und gehört werden, es glänzten nur die Sterne und sie leuchteten und funkelten ruhig fort.

Wenn auch Konrad sich das Schicksal des erfrornen Eschenjägers vor Augen hielt, wenn auch die Kinder das Fläschchen mit dem schwarzen Kaffee fast ausgeleert hatten, wodurch sie ihr Blut zu größerer Tätigkeit brachten, aber gerade dadurch eine folgende Ermattung herbeizogen: So würden sie den Schlaf nicht haben überwinden können, dessen verführende Süßigkeit alle Gründe überwiegt, wenn nicht die Natur in ihrer Größe ihnen beigestanden wäre und in ihrem Innern eine Kraft aufgerufen hätte, welche imstande war, dem Schlafe zu widerstehen.

In der ungeheueren Stille, die herrschte, in der Stille, in der sich kein Schneespitzchen zu rühren schien, hörten die Kinder dreimal das Krachen des Eises. Was das Starrste scheint und doch das Regsamste und Lebendigste ist, der Gletscher, hatte die Töne hervorgebracht. Dreimal hörten sie hinter sich den Schall, der entsetzlich war, als ob die Erde entzweigesprungen wäre, der sich nach allen Richtungen im Eise verbreitete und gleichsam durch alle Äderchen des Eises lief. Die Kinder blieben mit offenen Augen sitzen und schauten in die Sterne hinaus.

Auch für die Augen begann sich etwas zu entwickeln. Wie die Kinder so saßen, erblühte am Himmel vor ihnen ein bleiches Licht mitten unter den Sternen und spannte einen schwachen Bogen durch dieselben. Es hatte einen grünlichen Schimmer, der sich sachte nach unten zog. Aber der Bogen wurde immer heller und heller, bis sich die Sterne vor ihm zurückzogen und erblassten. Auch in andere Gegenden des Himmels sandte er einen Schein, der schimmergrün sachte und lebendig unter die Sterne floss.

Dann standen Garben verschiedenen Lichtes auf der Höhe des Bogens wie Zacken einer Krone und brannten. Es floss helle durch die benachbarten Himmelsgegenden, es sprühte leise und ging in sanftem Zucken durch lange Räume. Hatte sich nun der Gewitterstoff des Himmels durch den unerhörten Schneefall so gespannt, dass er in diesen stummen, herrlichen Strömen des Lichtes ausfloss, oder war es eine andere Ursache der unergründlichen Natur. Nach und nach wurde es schwächer und immer schwächer, die Garben erloschen zuerst, bis es allmählich und unmerklich immer geringer wurde und wieder nichts am Himmel war als die tausend und tausend einfachen Sterne.

Die Kinder sagten keines zu dem andern ein Wort, sie blieben fort und fort sitzen und schauten mit offenen Augen in den Himmel.

Es geschah nun nichts Besonderes mehr. Die Sterne glänzten, funkelten und zitterten, nur manche schießende Schnuppe fuhr durch sie.

Endlich, nachdem die Sterne lange allein geschienen hatten und nie ein Stückchen Mond an dem Himmel zu erblicken gewesen war, geschah etwas anderes. Es fing der Himmel an, heller zu werden, langsam heller, aber doch zu erkennen; es wurde seine Farbe sichtbar, die bleichsten Sterne erloschen und die anderen standen nicht mehr so dicht. Endlich wichen auch die stärkeren, und der Schnee vor den Höhen wurde deutlicher sichtbar. Zuletzt färbte sich eine Himmelsgegend gelb, und ein Wolkenstreifen, der in derselben war, wurde zu einem leuchtenden Faden entzündet. Alle Dinge waren klar zu sehen, und die entfernten Schneehügel zeichneten sich scharf in die Luft.

»Sanna, der Tag bricht an«, sagte der Knabe.

»Ja, Konrad«, antwortete das Mädchen.

»Wenn es nur noch ein bisschen heller wird, dann gehen wir aus der Höhle und laufen über den Berg hinunter.«

Es wurde heller, an dem ganzen Himmel war kein Stern mehr sichtbar, und alle Gegenstände standen in der Morgendämmerung da.

»Nun, jetzt gehen wir«, sagte der Knabe.

»Ja, wir gehen«, antwortete Sanna.

Die Kinder standen auf und versuchten ihre erst heute recht müden Glieder. Obwohl sie nicht geschlafen hatten, waren sie doch durch den Morgen gestärkt, wie das immer so ist. Der Knabe hing sich das Kalbfellränzchen um und machte das Pelzjäckchen an Sanna fester zu. Dann führte er sie aus der Höhle.

Weil sie nach ihrer Meinung nur über den Berg hinabzulaufen hatten, dachten sie an kein Essen und untersuchten das Ränzchen nicht, ob noch Weißbrote oder andere Esswaren darinnen seien.

Von dem Berge wollte nun Konrad, weil der Himmel ganz heiter war, in die Täler hinabschauen, um das Gschaider Tal zu erkennen und in dasselbe hinunterzugehen. Aber er sah gar keine Täler. Es war nicht, als ob sie sich auf einem Berge befänden, von dem man hinabsieht, sondern in einer fremden, seltsamen Gegend, in der lauter unbekannte Gegenstände sind. Sie sahen heute auch in größerer Entfernung furchtbare Felsen aus dem Schnee emporstehen, die sie gestern nicht gesehen hatten, sie sahen das Eis, sie sahen Hügel und Schneelehnen emporstarren, und hinter diesen war entweder der Himmel oder es ragte die blaue Spitze eines sehr fernen Berges am Schneerande hervor.

In diesem Augenblicke ging die Sonne auf.

ine riesengroße, blutrote Scheibe erhob sich an dem Schneesaume in den Himmel, und in dem Augenblicke errötete der Schnee um die Kinder, als wäre er mit Millionen Rosen überstreut worden. Die Kuppen und die Hörner warfen sehr lange grünliche Schatten längs des Schnees.

»Sanna, wir werden jetzt da weiter vorwärts gehen, bis wir an den Rand des Berges kommen und hinuntergehen«, sagte der Knabe.

Sie gingen nun in den Schnee hinaus. Er war in der heiteren Nacht noch trockener geworden und wich den Tritten noch besser aus. Sie wateten rüstig fort. Ihre Glieder wurden sogar geschmeidiger und stärker, da sie gingen. Allein sie kamen an keinen Rand und sahen nicht hinunter. Schneefeld entwickelte sich aus Schneefeld, und am Saume eines jeden stand alle Male wieder der Himmel.

Sie gingen dessohngeachtet fort.

Da kamen sie wieder in das Eis. Sie wussten nicht, wie das Eis dahergekommen sei, aber unter den Füßen empfanden sie den glatten Boden, und waren gleich nicht die fürchterlichen Trümmer, wie an jenem Rande, an dem sie die Nacht zugebracht hatten, so sahen sie doch, dass sie auf glattem Eise fortgingen, sie sahen hie und da Stücke, die immer mehr wurden, die sich näher an sie drängten und die sie wieder zu klettern zwangen.

Aber sie verfolgten doch ihre Richtung.

Sie kletterten neuerdings an Blöcken empor. Da standen sie wieder auf dem Eisfelde. Heute bei der hellen Sonne konnten sie erst erblicken, was es ist. Es war ungeheuer groß, und jenseits standen wieder schwarze Felsen empor, es ragte gleichsam Welle hinter Welle auf, das beschneite Eis war gedrängt, gequollen, emporgehoben, gleichsam als schöbe es sich nach vorwärts und flösse gegen die Brust der Kinder heran. In dem Weiß sahen sie unzählige vorwärtsgehende geschlängelte blaue Linien. Zwischen jenen Stellen, wo die Eiskörper gleichsam wie aneinandergeschmettert starrten, gingen auch Linien wie Wege, aber sie waren weiß und waren Streifen, wo sich fester Eisboden vorfand oder die Stücke doch nicht gar so sehr verschoben waren. In diese Pfade gingen die Kinder hinein, weil sie doch einen Teil des Eises überschreiten wollten, um an den Bergrand zu gelangen und endlich einmal hinunterzusehen. Sie sagten kein Wörtlein. Das Mädchen folgte dem Knaben. Aber es war auch heute wieder Eis, lauter Eis. Wo sie hinübergelangen wollten, wurde es gleichsam immer breiter und breiter. Da schlugen sie, ihre Richtung aufgebend, den Rückweg ein. Wo sie nicht gehen konnten, griffen sie sich durch die Mengen des Schnees hindurch, der oft dicht vor ihrem Auge wegbrach und den sehr blauen Streifen einer Eisspalte zeigte, wo doch früher alles weiß gewesen war; aber sie kümmerten sich nicht darum, sie arbeiteten sich fort, bis sie wieder irgendwo aus dem Eise herauskamen.

»Sanna«, sagte der Knabe, »wir werden gar nicht mehr in das Eis hineingehen, weil wir in demselben nicht fortkommen. Und weil wir schon in unser Tal gar nicht hinabsehen können, so werden wir gerade über den Berg hinabgehen. Wir müssen in ein Tal kommen, dort werden wir den Leuten sagen, dass wir aus Gschaid sind, die werden uns einen Wegweiser nach Hause mitgeben.«

»Ja, Konrad«, sagte das Mädchen.

o begannen sie nun in dem Schnee nach jener Richtung abwärts zu gehen, welche sich ihnen eben darbot. Der Knabe führte das Mädchen an der Hand. Allein nachdem sie eine Weile abwärts gegangen waren, hörte in dieser Richtung das Gehänge auf und der Schnee stieg wieder empor. Also änderten die Kinder die Richtung und gingen nach der Länge einer Mulde hinab. Aber da fanden sie wieder Eis. Sie stiegen also an der Seite der Mulde empor, um nach einer anderen Richtung ein Abwärts zu suchen. Es führte sie eine Fläche hinab, allein die wurde nach und nach so steil, dass sie kaum noch einen Fuß einsetzen konnten und abwärts zu gleiten fürchteten. Sie klommen also wieder empor, um wieder einen anderen Weg nach abwärts zu suchen. Nachdem sie lange im Schnee emporgeklommen und dann auf einem ebenen Rücken fortgelaufen waren, war es wie früher: Entweder ging der Schnee so steil ab, dass sie gestürzt wären, oder er stieg wieder hinan, dass sie auf den Berggipfel zu kommen fürchteten. Und so ging es immer fort.

Da wollten sie die Richtung suchen, in der sie gekommen waren, und zur roten Unglückssäule hinabgehen. Weil es nicht schneit und der Himmel so helle ist, so würden sie, dachte der Knabe, die Stelle schon erkennen, wo die Säule sein solle, und würden von dort nach Gschaid hinabgehen können.

Der Knabe sagte diesen Gedanken dem Schwesterchen, und diese folgte. Allein auch der Weg auf den Hals hinab war nicht zu finden.

So klar die Sonne schien, so schön die Schneehöhen dastanden und die Schneefelder dalagen, so konnten sie doch die Gegenden nicht erkennen, durch die sie gestern heraufgegangen waren. Gestern war alles durch den fürchterlichen Schneefall verhängt gewesen, dass sie kaum einige Schritte vor sich gesehen hatten, und da war alles ein einziges Weiß und Grau durcheinander gewesen. Nur die Felsen hatten sie gesehen, an denen und zwischen denen sie gegangen waren: Allein auch heute hatten sie bereits viele Felsen gesehen, die alle den nämlichen Anschein gehabt hatten wie die gestern gesehenen. Heute ließen sie frische Spuren in dem Schnee zurück; aber gestern sind alle Spuren von dem fallenden Schnee verdeckt worden. Auch aus dem bloßen Anblicke konnten sie nicht erraten, welche Gegend auf den Hals führe, da alle Gegenden gleich waren. Schnee, lauter Schnee. Sie gingen aber doch immer fort und meinten, es zu erringen. Sie wichen den steilen Abstürzen aus und kletterten keine steilen Anhöhen hinauf.

Auch heute blieben sie öfter stehen, um zu horchen; aber sie vernahmen auch heute nichts, nicht den geringsten Laut. Zu sehen war auch nichts als der Schnee, der helle weiße Schnee, aus dem hie und da die schwarzen Hörner und die schwarzen Steinrippen emporstanden.

Endlich war es dem Knaben, als sähe er auf einem fernen schiefen Schneefelde ein hüpfendes Feuer. Es tauchte auf, es tauchte nieder. Jetzt sahen sie es, jetzt sahen sie es nicht. Sie blieben stehen und blickten unverwandt auf jene Gegend hin. Das Feuer hüpfte immer fort, und es schien, als ob es näher käme; denn sie sahen es größer und sahen das Hüpfen deutlicher. Es verschwand nicht mehr so oft und nicht mehr auf so lange Zeit wie früher. Nach einer Weile vernahmen sie in der stillen, blauen Luft schwach, sehr schwach etwas wie einen lang anhaltenden Ton aus einem Hirtenborne. Wie aus Instinkt schrien beide Kinder laut. Nach einer Zeit hörten sie den Ton wieder. Sie schrien wieder und blieben auf der nämlichen Stelle stehen. Das Feuer näherte sich auch. Der Ton wurde zum dritten Male vernommen, und dieses Mal deutlicher. Die Kinder antworteten wieder durch lautes Schreien. Nach einer geraumen Weile erkannten sie auch das Feuer. Es war kein Feuer, es war eine rote Fahne, die geschwungen wurde. Zugleich ertönte das Hirtenborn näher und die Kinder antworteten.

»Sanna«, rief der Knabe, »da kommen Leute aus Gschaid, ich kenne die Fahne, es ist die rote Fahne, welche der fremde Herr, der mit dem jungen Eschenjäger den Gars bestiegen hatte, auf dem Gipfel aufpflanzte, dass sie der Herr Pfarrer mit dem Fernrohre sähe, was als Zeichen gälte, dass sie oben seien, und welche Fahne damals der fremde Herr dem Herrn Pfarrer geschenkt hat. Du warst noch ein recht kleines Kind.«

»Ja, Konrad.«

Nach einer Zeit sahen die Kinder auch die Menschen, die bei der Fahne waren, kleine schwarze Stellen, die sich zu bewegen schienen. Der Ruf des Hornes wiederholte sich von Zeit zu Zeit und kam immer näher. Die Kinder antworten jedes Mal.

Endlich sahen sie über den Schneeabhang gegen sich her mehrere Männer mit ihren Stöcken herabfahren, die die Fahne in ihrer Mitte hatten. Da sie näher kamen, erkannten sie dieselben. Es war der Hirt Philipp mit dem Horne, seine zwei Söhne, dann der junge Eschenjäger und mehrere Bewohner von Gschaid.

»Gebenedeit sei Gott«, schrie Philipp, »da seid ihr ja. Der ganze Berg ist voll Leute. Laufe doch einer gleich in die Sideralpe hinab und läute die Glocke, dass die dort hören, dass wir sie gefunden haben, und einer muss auf den Krebsstein gehen und die Fahne dort aufpflanzen, dass sie dieselbe in dem Tale sehen und die Böller abschießen, damit die es wissen, die im Millsdorfer Walde suchen, und damit sie in Gschaid die Rauchfeuer anzünden, die in der Luft gesehen werden und alle, die noch auf dem Berge sind, in die Sideralpe hinabbedeuten. Das sind Weihnachten!«

»Ich laufe in die Alpe hinab«, sagte einer.

»Ich trage die Fahne auf den Krebsstein«, sagte ein anderer.

»Und wir werden die Kinder in die Sideralpe hinabbringen, so gut wir es vermögen und so gut uns Gott helfe«, sagte Philipp.

Ein Sohn Philipps schlug den Weg nach abwärts ein und der andere ging mit der Fahne durch den Schnee dahin.

Der Eschenjäger nahm das Mädchen bei der Hand, der Hirt Philipp den Knaben. Die andern halfen, wie sie konnten. So begann man den Weg. Er ging in Windungen. Bald gingen sie nach einer Richtung, bald schlugen sie die entgegengesetzte ein, bald gingen sie abwärts, bald aufwärts. Immer ging es durch Schnee, immer durch Schnee, und die Gegend blieb sich beständig gleich. Ober sehr schiefe Flächen taten sie Steigeisen an die Füße und trugen die Kinder. Endlich nach länger Zeit hörten sie ein Glöcklein, das sanft und fein zu ihnen heraufkam und das erste Zeichen war, das ihnen die niederen Gegenden wieder zusandten. Sie mussten wirklich sehr tief herabgekommen sein; denn sie sahen ein Schneehaupt recht hoch und recht blau über sich ragen. Das Glöcklein aber, das sie hörten, war das der Sideralpe, das geläutet wurde, weil dort die Zusammenkunft verabredet war. Da sie noch weiter kamen, hörten sie auch schwach in die stille Luft die Böllerschüsse herauf, die infolge der ausgesteckten Fahne abgefeuert wurden, und sahen dann in die Luft feine Rauchsäulen aufsteigen. Da sie nach einer Weile über eine sanfte, schiefe Fläche abgingen, erblickten sie die Sideralphütte. Sie gingen auf sie zu. In der Hütte brannte ein Feuer, die Mutter der Kinder war da, und mit einem furchtbaren Schrei sank sie in den Schnee zurück, als sie die Kinder mit dem Eschenjäger kommen sah.

Dann lief sie herzu, betrachtete sie überall, wollte ihnen zu essen geben, wollte sie wärmen, wollte sie in vorhandenes Heu legen; aber bald überzeugte sie sich, dass die Kinder durch die Freude stärker seien, als sie gedacht hatte, dass sie nur einiger warmer Speise bedurften, die sie bekamen, und dass sie nur ein wenig ausruhen mussten, was ihnen ebenfalls zuteil werden sollte.

Da nach einer Zeit der Ruhe wieder eine Gruppe Männer über die Schneefläche herabkam, während das Hüttenglöcklein immer fortläutete, liefen die Kinder selber mit den anderen hinaus, um zu sehen, wer es sei. Der Schuster war es, der einstige Alpensteiger, mit Alpenstock und Steigeisen, begleitet von seinen Freunden und Kameraden.

»Sebastian, da sind sie«, schrie das Weib.

Er aber war stumm, zitterte und lief auf sie zu. Dann rührte er die Lippen, als wollte er etwas sagen, sagte aber nichts, riss die Kinder an sich und hielt sie lange. Dann wandte er sich gegen sein Weib, schloss es an sich und rief: »Sanna, Sanna!«

Nach einer Weile nahm er den Hut, der ihm in den Schnee gefallen war, auf, trat unter die Männer und wollte reden. Er sagte aber nur: »Nachbarn, Freunde, ich danke euch.«

Da man noch gewartet hatte, bis die Kinder sich zur Beruhigung erholt hatten, sagte er: »Wenn wir alle beisammen sind, so können wir in Gottes Namen aufbrechen.«

»Es sind wohl noch nicht alle«, sagte der Hirt Philipp, »aber die noch abgehen, wissen aus dem Rauche, dass wir die Kinder haben, und sie werden schon nach Hause gehen, wenn sie die Alphütte leer finden.«

Man machte sich zum Aufbruche bereit. Man war auf der Sideralphütte nicht gar weit von Gschaid entfernt, aus dessen Fenstern man im Sommer recht gut die grüne Matte sehen konnte, auf der die graue Hütte mit dem Glockentürmlein stand; aber es war unterhalb eine fallrechte Wand, die viele Klafter hoch hinabging und auf der man im Sommer nur mit Steigeisen, im Winter gar nicht hinabkommen konnte. Man musste daher den Umweg zum Halse machen, um von der Unglücksäule aus nach Gschaid hinabzukommen. Auf dem Wege gelangte man über die Siderwiese, die noch näher an Gschaid ist, sodass man die Fenster des Dörfleins zu erblicken meinte.

Als man über diese Wiese ging, tönte hell und deutlich das Glöcklein der Gschaider Kirche herauf, die Wandlung des heiligen Hochamtes verkündend.

Der Pfarrer hatte wegen der allgemeinen Bewegung, die am Morgen in Gschaid war, die Abhaltung des Hochamtes verschoben, da er dachte, dass die Kinder zum Vorscheine kommen würden. Allein endlich, da noch immer keine Nachricht eintraf, musste die heilige Handlung doch vollzogen werden.

Als das Wandlungsglöcklein tönte, sanken alle, die über die Siderwiese gingen, auf die Knie in den Schnee und beteten. Als der Klang des Glöckleins aus war, standen sie auf und gingen weiter.

Der Schuster trug meistens das Mädchen und ließ sich von ihm alles erzählen.

Als sie schon gegen den Wald des Halses kamen, trafen sie Spuren, von denen der Schuster sagte: »Das sind keine Fußstapfen von Schuhen meiner Arbeit.«

Die Sache klärte sich bald auf. Wahrscheinlich durch die vielen Stimmen, die auf dem Platze tönten, angelockt, kam wieder eine Abteilung Männer auf die Herabgehenden zu. Es war der aus Angst aschenhaft entfärbte Färber, der an der Spitze seiner Knechte, seiner Gesellen und mehrerer Millsdorfer bergab kam.

»Sie sind über das Gletschereis und über die Schründe gegangen, ohne es zu wissen«, rief der Schuster seinem Schwiegervater zu.

»Da sind sie ja – da sind sie ja – Gott sei Dank«, antwortete der Färber, »ich weiß es schon, dass sie oben waren, als dein Bote in der Nacht zu uns kam und wir mit Lichtern den ganzen Wald durchsucht und nichts gefunden hatten – und als dann das Morgengrau anbrach, bemerkte ich an dem Wege, der von der roten Unglücksäule links gegen den Schneeberg hinanführt, dass dort, wo man eben von der Säule weggeht, hin und wieder mehrere Reiserchen und Rütchen geknickt sind, wie Kinder gerne tun, wo sie eines Weges gehen – da wusste ich es – die Richtung ließ sie nicht mehr aus, weil sie in der Höhlung gingen, weil sie zwischen den Felsen gingen, und weil sie dann auf dem Grat gingen, der rechts und links so steil ist, dass sie nicht hinabkommen konnten. Sie mussten hinauf. Ich schickte nach dieser Beobachtung gleich nach Gschaid, aber der Holzknecht Michael, der hinüberging, sagte bei der Rückkunft, da er uns fast am Eise oben traf, dass ihr sie schon habet, weshalb wir wieder heruntergingen.«

»Ja«, sagte Michael, »ich habe es gesagt, weil die rote Fahne schon auf dem Krebssteine steckt und die Gschaider dieses als Zeichen erkannten, das verabredet worden war. Ich sagte euch, dass auf diesem Wege da alle herabkommen müssen, weil man über die Wand nicht gehen kann.«

»Und knie nieder und danke Gott auf den Knien, mein Schwiegersohn«, fuhr der Färber fort, »dass kein Wind gegangen ist. Hundert Jahre werden wieder vergehen, dass ein so wunderbarer Schneefall niederfällt und dass er gerade niederfällt, wie nasse Schnüre von einer Stange hängen. Wäre ein Wind gegangen, so wären die Kinder verloren gewesen.«

»Ja, danken wir Gott, danken wir Gott«, sagte der Schuster.

Der Färber, der seit der Ehe seiner Tochter nie in Gschaid gewesen war, beschloss, die Leute nach Gschaid zu begleiten.

Da man schon gegen die rote Unglückssäule zukam, wo der Holzweg begann, wartete ein Schlitten, den der Schuster auf alle Fälle dahin bestellt hatte. Man tat die Mutter und die Kinder hinein, versah sie hinreichend mit Decken und Pelzen, die im Schlitten waren, und ließ sie nach Gschaid vorausfahren.

Die anderen folgten und kamen am Nachmittage in Gschaid an.

Die, welche noch auf dem Berge gewesen waren und erst durch den Rauch das Rückzugszeichen erfahren hatten, fanden sich auch nach und nach ein. Der letzte, welcher erst am Abende kam, war der Sohn des Hirten Philipp, der die rote Fahne auf den Krebsstein getragen und sie dort aufgepflanzt hatte.

In Gschaid wartete die Großmutter, welche herübergefahren war.

»Nie, nie«, rief sie aus, »dürfen die Kinder in ihrem ganzen Leben mehr im Winter über den Hals gehen.«

Die Kinder waren von dem Getriebe betäubt. Sie hatten noch etwas zu essen bekommen und man hatte sie in das Bett gebracht. Spät gegen Abend, da sie sich ein wenig erholt hatten, da einige Nachbarn und Freunde sich in der Stube eingefunden hatten und dort von dem Ereignisse redeten, die Mutter aber in der Kammer an dem Bettchen Sannas saß und sie streichelte, sagte das Mädchen: »Mutter, ich habe heute nachts, als wir auf dem Berge saßen, den heiligen Christ gesehen.«

»O du mein geduldiges, du mein liebes, du mein herziges Kind«, antwortete die Mutter, »er hat dir auch Gaben gesendet, die du bald bekommen wirst.«

Die Schachteln waren ausgepackt worden, die Lichter waren angezündet, die Tür in die Stube wurde geöffnet, und die Kinder sahen von dem Bette auf den verspäteten, hell leuchtenden, freundlichen Christbaum hinaus. Trotz der Erschöpfung musste man sie noch ein wenig ankleiden, dass sie hinausgingen, die Gaben empfingen, bewunderten und endlich mit ihnen entschliefen.

In dem Wirtshause in Gschaid war es an diesem Abende lebhafter als je. Alle, die nicht in der Kirche gewesen waren, waren jetzt dort, und die andern auch. Jeder erzählte, was er gesehen und gehört, was er getan, was er geraten und was für Begegnisse und Gefahren er erlebt hat. Besonders aber wurde hervorgehoben, wie man alles hätte anders und besser machen können.

Das Ereignis hat einen Abschnitt in die Geschichte von Gschaid gebracht, es hat auf lange den Stoff zu Gesprächen gegeben, und man wird noch nach Jahren davon reden, wenn man den Berg an heitern Tagen besonders deutlich sieht oder wenn man den Fremden von seinen Merkwürdigkeiten erzählt.

Die Kinder waren von dem Tage an erst recht das Eigentum des Dorfes geworden, sie wurden von nun an nicht mehr als Auswärtige, sondern als Eingeborne betrachtet, die man sich von dem Berge herabgeholt hatte. Auch ihre Mutter Sanna war nun eine Eingeborne von Gschaid.

Die Kinder aber werden den Berg nicht vergessen und werden ihn jetzt noch ernster betrachten, wenn sie in dem Garten sind, wenn wie in der Vergangenheit die Sonne sehr schön scheint, der Lindenbaum duftet, die Bienen summen und er so schön und so blau wie das sanfte Firmament auf sie herniederschaut.

(Auszug)

Der Sternenhimmel im Winter

Am schönsten ist der Blick zum Sternenhimmel im Winter. Jetzt kann man sehr viele helle Sternbilder über lange Zeit beobachten. Aus sechs hellen Sternen der Wintersternbilder, die man am späten Abend bei klarem Himmel im Osten beobachten kannst, lässt sich eine Figur bilden, das sogenannte »Wintersechseck«. Es setzt sich zusammen aus Rigel im Orion, Aldebaran im Stier, Kapella im Fuhrmann, Pollux in den Zwillingen sowie Prokyon und Sirius.

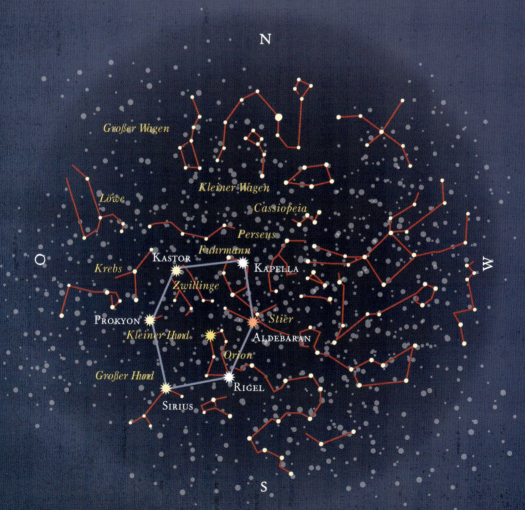

1. Suchen Sie zuerst das Sternbild »Orion«. Es ist das schönste und eindrucksvollste Sternbild des Winterhimmels. Unsere Vorfahren sahen darin einen großen Jäger mit seinen markanten Gürtel-, Fuß- und Schulktersternen. Sein rechter Fußstern Rigel ist leicht zu entdecken. Die Namen stammen aus dem Arabischen. Lange bevor man sich in Mitteleuropa mit den Sternen beschäftigte, gab es im Nahen Osten bereits Hochkulturen, die den Himmel ordneten und auffälligen Sternen eigene Namen gaben. Sie werden bis heute in aller Welt verwendet.

Wer genau hinschaut, erkennt bei den Sternen Farbunterschiede. Kapella und Rigel sind reinweiß, während das Licht von Aldebaran einen rötlichen Farbton besitzt. Ursache für die Farben sind die unterschiedlichen Temperaturen der Sterne. Je geringer die Temperatur, desto röter das Sternenlicht. Während unsere Sonne 6000 Grad heiß ist, bringt es Aldebaran nur auf 3500 Grad.

2. Verlängert man die Gürtelsterne des »Orion« nach links unten, findet man den leuchtenden Stern Sirius im Sternbild »Großer Hund«.

3. Verlängert man die Gürtelsterne des »Orion« nach rechts oben, gelangt man zum Aldebaran im Sternbild »Stier«.

4. Geht man direkt über dem rechten Gürtelstern nach oben, findet man die Kapella im Sternbild »Fuhrmann«.

5. Vom linken Schulterstern des »Orion«, der Beteigeuze, gelangt man gut zum Kastor im Sternbild »Zwillinge«.

6. Von Beteigeuze aus, fast auf einer Linie nach links, gelangt man schließlich zum Prokyon im Sternbild »Kleiner Hund«.

Im Osten steigen abends die ersten Vorboten des Frühlings über den Horizont. Der Löwe und der Krebs sind Vertreter der kommenden Jahreszeit. Weiter nordöstlich sieht man den Großen Wagen. Gemeinsam mit dem Himmels-»W« der Kassiopeia stehen einem so zwei himmlische Wegweiser vor Augen, die einem die Richtung zum Polarstern im Kleinen Wagen zeigen. Die Verlängerung des Abstandes der beiden hinteren Kastensterne im Großen Wagen weist zum Polarstern.

Joseph von Eichendorff

Weihnachten

Markt und Straßen stehn verlassen,
still erleuchtet jedes Haus,
sinnend geh ich durch die Gassen,
alles sieht so festlich aus.

An den Fenstern haben Frauen
buntes Spielzeug fromm geschmückt.
Tausend Kindlein stehn und schauen,
sind so wunderstill beglückt.

Und ich wandre aus den Mauern
bis hinaus ins freie Feld,
hehres Glänzen, heilges Schauern!
Wie so weit und still die Welt!

Sterne hoch die Kreise schlingen,
aus des Schnees Einsamkeit
steigt's wie wunderbares Singen –
O du gnadenreiche Zeit!

Kling, Glöckchen, klingelingeling

Kling, Glöckchen, klingelingeling,
kling, Glöckchen, kling!
Mädchen hört und Bübchen,
macht mir auf das Stübchen,
bring euch viele Gaben,
sollt euch dran erlaben!
Kling, Glöckchen, klingelingeling,
kling, Glöckchen, kling!

Kling, Glöckchen, klingelingeling,
kling, Glöckchen, kling!
Hell erglühn die Kerzen,
öffnet mir die Herzen,
will drin wohnen fröhlich,
frommes Kind wie selig.
Kling, Glöckchen, klingelingeling,
kling, Glöckchen, kling!

Text: Karl Enslin
Melodie: volkstümlich

Theodor Storm

Weihnachtslied

Vom Himmel in die tiefsten Klüfte
ein milder Stern herniederlacht;
vom Tannenwald steigen Düfte
und hauchen durch die Winterlüfte,
und kerzenhelle wird die Nacht.

Mir ist das Herz so froh erschrocken,
das ist die liebe Weihnachtszeit!
Ich höre fernher Kirchenglocken
mich lieblich heimatlich verlocken
in märchenstille Herrlichkeit.

Ein frommer Zauber hält mich wieder,
anbetend, staunend muss ich stehn:
Es sinkt auf meine Augenlider
ein goldner Kindertraum hernieder,
ich fühl's, ein Wunder ist geschehn.

Der Weihnachtsbaum

Ein Christbaum ist das wohl typischste Symbol für die Weihnachtszeit und insbesondere für den Heiligen Abend. Dabei gibt es ihn noch gar nicht so lange. Unser Weihnachtsbaum, der am Heiligen Abend mit Schmuck und in Kerzenlicht die gute Stube schmückt, ist noch keine 400 Jahre alt. Den Brauch jedoch, seine Häuser und Räume in der lichtarmen Zeit mit immergrünen Pflanzen oder Zweigen zu schmücken als Ausdruck der Hoffnung auf neues Leben und mit Kerzen als Hoffnung auf neues Licht – dieser Brauch reicht weit bis in vorchristliche Zeiten hinein.

Immer wurde die Lebenskraft in wintergrünen Gewächsen als etwas Positives und in dunklen Zeiten Trostspendendes gedeutet. So glaubte man sich auch Gesundheit und Heilung ins Haus zu holen, wenn man dieses vor Neujahr mit Grünem schmückte. Schon die Römer bekränzten ihre Häuser zum Jahreswechsel mit Lorbeerzweigen. Im mittelalterlichen Deutschland brachte man je nach Region und Landschaft Eibe und Stechpalme, Wacholder und Buchs, Mistel und Christrose, Tanne und Fichte ins Haus.

Seinen Ursprung hat der Christbaum auch im mittelalterlichen Krippenspiel in der Kirche. Davor fand immer das sogenannte Paradiesspiel statt: Hier wurde gezeigt, wie durch Adam und Eva die Sünde in die Welt kam, von der die Christenheit durch den Kreuzestod Christi erlöst wurde. Dazu gehörte ein immergrüner Baum als »Paradiesbaum«, der mit Äpfeln geschmückt war.

Mit der Zeit wurde der Baum immer festlicher verziert: Vergoldete Nüsse, Lebkuchen und Süßigkeiten kamen dazu. 1605 schließlich soll es einen mit Äpfeln geschmückten »Bescherbaum« in Straßburg gegeben haben. Der erste kerzengeschmückte Tannenbaum verschönte 1611 das Schloss der Herzogin Dorothea Sybille von Schlesien. Im 18. Jahrhundert tauchte der Tannenbaum bereits mit einer gewissen Regelmäßigkeit als Weihnachtsschmuck in den Häusern des Adels auf. Lieselotte von der Pfalz berichtet 1708 auch von einem Buchsbäumchen mit Kerzen. Goethe lernt den Weihnachtsbaum schließlich in Straßburg im Jahr 1770 kennen, und in Berlin wurde der erste Weihnachtsbaum um 1780 aufgestellt. In Österreich setzte sich der Weihnachtsbaum durch, seit Henriette von Nassau-Weilburg, die Gemahlin des

Erzherzogs Karl, im Jahr 1816 das Christfest mit einem kerzengeschmückten Tannenbaum gefeiert hatte. In die Neue Welt kam der Weihnachtsbaum quasi im Reisegepäck deutscher Auswanderer. 1891 stellte man erstmals einen Lichterbaum vor dem Weißen Haus in Washington auf.

Auf dem Land galt die im Winter blühende und fein duftende Christrose als Orakelblume. So legte man in der Weihnachtsnacht zwölf Blütenknospen ins Wasser. Jede Knospe stand dabei für einen Monat, und an der Art und Weise, wie sich die Knospen öffneten, las man das Wetter des kommenden Jahres ab. Die geschlossenen Knospen bedeuten schlechtes Wetter, die offenen gutes.

Insbesondere in nordischen Ländern ist bis heute der Brauch verbreitet, zur Wintersonnwende Misteln, deren Beeren erst im Winter reifen, als symbolische Schutzpflanzen und Glücksbringer zu nutzen. Bei den alten Germanen war der Glaube verbreitet, die Mistel sei ein Himmelsgeschenk. Auch bei den Kelten galten Misteln als Zauberpflanzen der Druiden.

O Tannenbaum

O Tan-nen-baum, o Tan-nen-baum, wie treu sind dei-ne Blät-ter! Du grünst nicht nur zur Som-mers-zeit, nein, auch im Win-ter, wenn es schneit. O Tan-nen-baum, o Tan-nen-baum, wie treu sind dei-ne Blät-ter.

O Tannenbaum, o Tannenbaum,
du kannst mir sehr gefallen.
Wie oft hat nicht zur Weihnachtszeit
ein Baum von dir mich hoch erfreut!
O Tannenbaum, o Tannenbaum,
du kannst mir sehr gefallen!

O Tannenbaum, o Tannenbaum,
dein Kleid will mich was lehren.
Die Hoffnung und Beständigkeit
gibt Trost und Kraft zu jeder Zeit.
O Tannenbaum, o Tannenbaum,
dein Kleid will mich was lehren.

Text: August Zarnack (1. Strophe),
Ernst Anschütz (2. und 3. Strophe)
Melodie: volkstümlich

Hermann Löns

Der allererste Weihnachtsbaum

D er Weihnachtsmann ging durch den Wald. Er war ärgerlich. Sein weißer Spitz, der sonst immer lustig bellend vor ihm herlief, merkte das und schlich hinter seinem Herrn mit eingezogener Rute her.

Er hatte nämlich nicht mehr die rechte Freude an seiner Tätigkeit. Es war alle Jahre dasselbe. Es war kein Schwung in der Sache. Spielzeug und Esswaren, das war auf die Dauer nichts. Die Kinder freuten sich wohl darüber, aber quieken sollten sie und jubeln und singen, so wollte er es, das taten sie aber nur selten.

Den ganzen Dezembermonat hatte der Weihnachtsmann schon darüber nachgegrübelt, was er wohl Neues erfinden könne, um einmal wieder eine rechte Weihnachtsfreude in die Kinderwelt zu bringen, eine Weihnachtsfreude, an der auch die Großen teilnehmen würden. Kostbarkeiten durften es auch nicht sein, denn er hatte soundsoviel auszugeben und mehr nicht.

So stapfte er denn auch durch den verschneiten Wald, bis er auf dem Kreuzweg war. Dort wollte er das Christkindchen treffen. Mit dem beriet er sich nämlich immer über die Verteilung der Gaben. Schon von Weitem sah er, dass das Christkindchen da war, denn ein heller Schein war dort.

Das Christkindchen hatte ein langes weißes Pelzkleidchen an und lachte über das ganze Gesicht. Denn um es herum lagen große Bündel Kleeheu und Bohnenstiegen und Espen- und Weidenzweige, und daran taten sich die hungrigen Hirsche und Rehe und Hasen gütlich. Sogar für die Sauen gab es etwas: Kastanien, Eicheln und Rüben.

Der Weihnachtsmann nahm seinen Wolkenschieber ab und bot dem Christkindchen die Tageszeit. »Na, Alterchen, wie geht's?«, fragte das Christkind. »Hast wohl schlechte Laune?« Damit hakte es den Alten unter und ging mit ihm. Hinter ihnen trabte der kleine Spitz, aber er sah gar nicht mehr betrübt aus und hielt seinen Schwanz kühn in die Luft.

»Ja«, sagte der Weihnachtsmann, »die ganze Sache macht mir so recht keinen Spaß mehr. Liegt es am Alter oder an sonst was, ich weiß nicht. Das mit den Pfefferkuchen und den Äpfeln und Nüssen, das ist nichts mehr. Das essen sie auf, und dann ist das Fest vorbei. Man müsste etwas Neues erfinden, etwas, das nicht zum Essen und nicht zum Spielen ist, aber wobei Alt und Jung singt und lacht und fröhlich wird.«

Das Christkindchen nickte und machte ein nachdenkliches Gesicht; dann sagte es: »Da hast du recht, Alter, mir ist das auch schon aufgefallen. Ich habe daran auch schon gedacht, aber das ist nicht so leicht.«

»Das ist es ja gerade«, knurrte der Weihnachtsmann, »ich bin zu alt und zu dumm dazu. Ich habe schon richtiges Kopfweh vom vielen Nachdenken, und es fällt mir doch nichts Vernünftiges ein. Wenn es so weitergeht, schläft allmählich die ganze Sache ein, und es wird ein Fest wie alle anderen, von dem die Menschen dann weiter nichts haben als Faulenzen, Essen und Trinken.«

Nachdenklich gingen beide durch den weißen Winterwald, der Weihnachtsmann mit brummigem, das Christkindchen mit nachdenklichem Gesicht.

Es war so still im Wald, kein Zweig rührte sich, nur wenn die Eule sich auf einen Ast setzte, fiel ein Stück Schneebehang mit halblautem Ton herab. So kamen die beiden, den Spitz hinter sich, aus dem hohen Holz auf einen alten Kahlschlag, auf dem große und kleine Tannen standen. Das sah wunderschön aus. Der Mond schien hell und klar, alle Sterne leuchteten, der Schnee sah aus wie Silber, und die Tannen standen darin, schwarz und weiß, dass es eine Pracht war.

Eine fünf Fuß hohe Tanne, die allein im Vordergrund stand, sah besonders reizend aus. Sie war regelmäßig gewachsen, hatte auf jedem Zweig einen Schneestreifen, an den Zweigspitzen kleine Eiszapfen und glitzerte und flimmerte nur so im Mondenschein.

Das Christkindchen ließ den Arm des Weihnachtsmannes los, stieß den Alten an, zeigte auf die Tanne und sagte: »Ist das nicht wunderhübsch?«

»Ja«, sagte der Alte, »aber was hilft mir das?«

»Gib ein paar Äpfel her«, sagte das Christkindchen, »ich habe einen Gedanken.«

Der Weihnachtsmann machte ein dummes Gesicht, denn er konnte es sich nicht recht vorstellen, dass das Christkind bei der Kälte Appetit auf die eiskalten Äpfel hatte. Er hatte zwar noch einen guten alten Schnaps, aber den mochte er dem Christkindchen nicht anbieten.

Er machte sein Tragband ab, stellte seine riesige Kiepe in den Schnee, kramte darin herum und langte ein paar recht schöne Äpfel heraus. Dann fasste er in die Tasche, holte sein Messer heraus, wetzte es an einem Buchenstamm und reichte es dem Christkindchen.

»Sieh, wie schlau du bist«, sagte das Christkindchen. »Nun schneid mal etwas Bindfaden in zwei Finger lange Stücke und mach mir kleine Pflöckchen.«

Dem Alten kam das alles etwas ulkig vor, aber er sagte nichts und tat, was das Christkind ihm sagte. Als er die Bindfadenenden und die Pflöckchen fertig hatte, nahm das Christkind einen Apfel, steckte ein Pflöckchen hinein, band den Faden daran und hängte den an einen Ast.

»So«, sagte es dann, »nun müssen auch an die anderen welche, und dabei kannst du helfen, aber vorsichtig, dass kein Schnee abfällt!«

Der Alte half, obgleich er nicht wusste, warum. Aber es machte ihm schließlich Spaß, und als die ganze kleine Tanne voll von rotbäckigen Äpfeln hing, da trat er fünf Schritte zurück, lachte und sagte: »Kiek, wie niedlich das aussieht! Aber was hat das alles für 'n Zweck?«

»Braucht denn alles gleich einen Zweck zu haben?«, lachte das Christkind. »Pass auf, das wird noch schöner. Nun gib mal Nüsse her!«

Der Alte krabbelte aus seiner Kiepe Walnüsse heraus und gab sie dem Christkindchen.

Das steckte in jedes ein Hölzchen, machte einen Faden daran, rieb immer eine Nuss an der goldenen Oberseite seiner Flügel, dann war die Nuss golden, und die nächste an der silbernen Unterseite seiner Flügel, dann hatte es eine silberne Nuss und hängte sie zwischen die Äpfel.

»Was sagst nun, Alterchen?«, fragte es dann. »Ist das nicht allerliebst?«

»Ja«, sagte der, »aber ich weiß immer noch nicht ...«

»Komm schon!«, lachte das Christkindchen. »Hast du Lichter?«

»Lichter nicht«, meinte der Weihnachtsmann, »aber 'nen Wachsstock!«

»Das ist fein«, sagte das Christkind, nahm den Wachsstock, zerschnitt ihn und drehte erst ein Stück um den Mitteltrieb des Bäumchens und die anderen Stücke um die Zweigenden, bog sie hübsch gerade und sagte dann: »Feuerzeug hast du doch?«

»Gewiss«, sagte der Alte, holte Stein, Stahl und Schwammdose heraus, pinkte Feuer aus dem Stein, ließ den Zunder in der Schwammdose zum Glimmen kommen und steckte daran ein paar Schwefelspäne an. Die gab er dem Christkindchen. Das nahm einen hell brennenden Schwefelspan und steckte damit erst das oberste Licht an, dann das nächste davon rechts, dann das gegenüberliegende.

Und rund um das Bäumchen gehend, brachte es so ein Licht nach dem andern zum Brennen.

Da stand nun das Bäumchen im Schnee; aus seinem halb verschneiten, dunklen Gezweig sahen die roten Backen der Äpfel, die Gold- und Silbernüsse blitzten und funkelten, und die gelben Wachskerzen brannten feierlich.

Das Christkindchen lachte über das ganze rosige Gesicht und patschte in die Hände, der alte Weihnachtsmann sah gar nicht mehr so brummig aus und der kleine Spitz sprang hin und her und bellte.

Als die Lichter ein wenig heruntergebrannt waren, wehte das Christkindchen mit seinen goldsilbernen Flügeln, und da gingen die Lichter aus. Es sagte dem Weihnachtsmann, er solle das Bäumchen vorsichtig absägen. Das tat der, und dann gingen beide den Berg hinab und nahmen das bunte Bäumchen mit.

Als sie in den Ort kamen, schlief schon alles.

Beim kleinsten Hause machten die beiden halt. Das Christkindchen machte leise die Tür auf und trat ein; der Weihnachtsmann ging hinterher. In der Stube stand ein dreibeiniger Schemel mit einer durchlochten Platte. Den stellten sie auf den Tisch und steckten den Baum hinein.

Der Weihnachtsmann legte dann noch allerlei schöne Dinge, Spielzeug, Kuchen, Äpfel und Nüsse unter den Baum, und dann verließen beide das Haus so leise, wie sie es betreten hatten. Als der Mann, dem das Häuschen gehörte, am andern Morgen erwachte und den bunten Baum sah, da staunte er und wusste nicht, was er dazu sagen sollte.

Als er aber an dem Türpfosten, den des Christkinds Flügel gestreift hatte, Gold- und Silberflimmer hängen sah, da wusste er Bescheid. Er steckte die Lichter an dem Bäumchen an und weckte Frau und Kinder. Das war eine Freude in dem kleinen Haus wie an keinem Weihnachtstag.

Keines von den Kindern sah nach dem Spielzeug, nach dem Kuchen und den Äpfeln, sie sahen nur alle nach dem Lichterbaum. Sie fassten sich an den Händen, tanzten um den Baum und sangen alle Weihnachtslieder, die sie wussten, und selbst das Kleinste, das noch auf dem Arm getragen wurde, krähte, was es krähen konnte.

Als es helllichter Tag geworden war, da kamen die Freunde und Verwandten des Bergmanns, sahen sich das Bäumchen an, freuten sich darüber und gingen gleich in den Wald, um sich für ihre Kinder auch ein Weihnachtsbäumchen zu holen. Die anderen Leute, die das sahen, machten es nach, jeder holte sich einen Tannenbaum und putzte ihn an, der eine so, der andere so, aber Lichter, Äpfel und Nüsse hängten sie alle daran.

Als es dann Abend wurde, brannte im ganzen Dorf Haus bei Haus ein Weihnachtsbaum, überall hörte man Weihnachtslieder und das Jubeln und Lachen der Kinder.

Von da aus ist der Weihnachtsbaum über ganz Deutschland gewandert und von da über die ganze Erde.

Weil aber der erste Weihnachtsbaum am Morgen brannte, so wird in manchen Gegenden den Kindern morgens beschert.

Christbaumschmuck – Zeichen über Zeichen

Äpfel, Kugeln, Kerzen, Glocken und Sterne – der Christbaumschmuck hat seit alters viele symbolische Bedeutungen.

- Äpfel gelten als Symbole der Fruchtbarkeit und als Erinnerung an das Paradies. Beim Anblick eines Apfels gedenkt man des Sommers mitten im Winter und damit an das Leben, das Wachsen und die Fruchtbarkeit in einer lebensfeindlichen Zeit. Das Rot der Äpfel steht für das Blut, das Jesus Christus vergossen hat.

- Christbaumkugeln entwickelten sich aus der Apfelsymbolik. Vor den mundgeblasenen Kugeln aus farbigem Glas umwickelte man Äpfel oder je nach Region auch Kartoffeln mit Gold- oder Silberpapier. Die Kugelform gilt als Zeichen der Einheit von Himmel und Erde.

- Engel sind die Vermittler zwischen der göttlichen und menschlichen Sphäre, sie verkünden die Geburt des Heilands. Ein Engel begleitet auch den Evangelisten Matthäus.

- Fische sind alte Symbole für Wasser, Leben und Fruchtbarkeit und in der christlichen Tradition für Jesus Christus.

- Geschenke werden mit den Gaben der drei Weisen – Gold, Weihrauch und Myrrhe – aus dem Morgenland in Verbindung gebracht und gelten als Zeichen von Nächstenliebe und Hingabe.

- Glocken jubilieren mit ihrem hellen Klang. Sie verbreiten die frohe Botschaft, mahnen vor Gefahren und erinnern daran, wachsam zu sein.

- Herzen sind traditionell das Symbol für Liebe, Lust, Freude und Lebenskraft.

- Nüsse stehen für die Unergründlichkeit von Gottes Ratschlüssen. Sie sind verschlossen und schwer zu knacken; vergoldet strahlen sie am Christbaum und wirken lebendig und schillernd. Wir verbinden mit ihnen Gedanken an die Natur, den Herbst und die Erntezeit.

- Sterne sind Zeichen der Hoffnung. Strohsterne erinnern daran, dass Jesus in einer Krippe geboren wurde.

- Trompeten gehen auf die Engelsposaunen zurück; mit ihnen werden gute Neuigkeiten verkündigt.

- Tannenzweige symbolisieren mit ihrer grünen Farbe die Auferstehung.

- Tannenzapfen sind ein Fruchtbarkeitszeichen. Sie stehen auch für Jungfräulichkeit und damit für die Jungfrau Maria.

- Vögel haben unterschiedliche Bedeutung: Im Altertum galten sie als Träger der Seele, im Christentum als Symbole für Frieden und Liebe.

Schleifenäpfel

Diese Äpfelchen sind ein sehr schöner traditioneller Weihnachtsschmuck.

Für 10 Stück

Das brauchen Sie:
10 kleine dunkelrote Weihnachtsäpfel (Nikolausäpfel)
weiches Tuch
fester Blumendraht
10 kleine Holzperlen
10 größere Holzperlen
2–3 cm breites Geschenkband aus Stoff mit Muster
noch ein schmaleres Geschenkband aus Stoff (uni)

So wird's gemacht:
1 Polieren Sie die Äpfel mit dem Tuch, bis sie glänzen.

2 Knipsen Sie ca. 25 cm Draht ab, legen Sie ihn doppelt und schieben Sie über die beiden oberen Enden zuerst eine kleine Holzperle bis ganz nach unten, danach eine größere, sodass diese über der kleinen zu liegen kommt.

3 Stechen Sie dann den Draht von unten durch den Apfel und wickeln Sie die oberen Enden um einen Holzbleistift, sodass sich eine Öse bildet. Durch diese Öse ziehen Sie zuerst eine breite Schleife, dann noch eine schmale, an deren Schlinge man die Äpfel aufhängen kann.

Stoffsterne

Die Stoffsterne eignen sich als rustikaler Christbaumschmuck ebenso wie als Anhänger für Eingemachtes zum Verschenken.

Das brauchen Sie:
zweierlei Stoffreste, die vom Farbton zueinanderpassen
1 Sternschablone (siehe unten)
Bügeleinlage (zweiseitig beschichtet)
Seidenband

So wird's gemacht:
1 Pausen Sie die Schablone ab, schneiden Sie sie aus und legen Sie diese auf den Stoff bzw. die Bügeleinlage. Die Bügeleinlage setzen Sie dann zwischen zwei Stoffschichten und bügeln die Sterne anschließend glatt.

2 Zum Schluss nähen Sie ein Seidenband als Anhänger an.

Ludwig Thoma

Christkindl-Ahnung im Advent

Erleben eigentlich Stadtkinder Weihnachtsfreuden? Erlebt man sie heute noch? Ich will es allen wünschen, aber ich kann es nicht glauben, dass das Fest in der Stadt mit ihren Straßen und engen Gassen das sein kann, was es uns Kindern im Walde gewesen ist.

Der erste Schnee erregte schon liebliche Ahnungen, die bald verstärkt wurden, wenn es im Haus nach Pfeffernüssen, Makronen und Kaffeekuchen zu riechen begann, wenn am langen Tische der Herr Oberförster und seine Jäger mit den Marzipanmodeln ganz zahme, häusliche Dinge verrichteten, wenn an den langen Abenden sich das wohlige Gefühl der Zusammengehörigkeit auf dieser Insel, die Tag und Tag stiller wurde, verbreitete.

In der Stadt kam das Christkind nur einmal, aber in der Riss wurde es schon Wochen vorher im Walde gesehen, bald kam der, bald jener Jagdgehilfe mit der Meldung herein, dass er es auf der Jachenauer Seite oder hinter Ochsensitzer habe fliegen sehen. In klaren Nächten musste man bloß vor die Türe gehen, dann hörte man vom Walde herüber ein feines Klingeln und sah in den Büschen ein Licht aufblitzen. Da röteten sich die Backen vor Aufregung, und die Augen blitzten vor freudiger Erwartung.

Je näher aber der Heilige Abend kam, desto näher kam auch das Christkind ans Haus, ein Licht huschte an den Fenstern des Schlafzimmers vorüber, und es klang wie von leise gerüttelten Schlittenschellen. Da setzten wir uns in den Betten auf und schauten sehnsüchtig ins Dunkel hinaus; die großen Kinder aber, die unten standen und auf eine Stange Lichter befestigt hatten, der Jagdgehilfe Bauer und sein Oberförster, freuten sich kaum weniger.

Es gab natürlich in den kleinen Verhältnissen kein Übermaß an Geschenken, aber was gegeben wurde, war mit aufmerksamer Beachtung eines Wunsches gewählt und erregte Freude. Als meine Mutter an einem Morgen nach der Bescherung ins Zimmer trat, wo der Christbaum stand, sah sie mich stolz mit meinem Säbel herumspazieren, aber ebenso froh bewegt schritt mein Vater im Hemde auf und ab und hatte den neuen Werderstutzen umgehängt, den ihm das Christkind gebracht hatte.

Wenn der Weg offen war, fuhren meine Eltern nach den Feiertagen auf kurze Zeit zu den Verwandten nach Ammergau. Ich mag an die fünf Jahre gewesen sein, als ich zum ersten Male mitkommen durfte, und wie der Schlitten die Höhe oberhalb Wallgau erreichte, von wo sich aus der Blick auf das Dorf öffnete, war ich außer mir vor Erstaunen über die vielen Häuser, die Dach an Dach nebeneinanderstanden. Für mich hatte es bis dahin bloß drei Häuser in der Welt gegeben.

Kommet, ihr Hirten

Kom-met, ihr_ Hir-ten, ihr_ Män-ner_ und Fraun! Kom-met, das_ lieb-li-che Kind-lein zu_ schaun! Chris-tus, der Herr, ist heu-te ge-bo-ren, den Gott zum Hei-land euch hat er-ko-ren. Fürch-tet_ euch nicht!

Lasset uns sehen in Bethlehems Stall,
was uns verheißen der himmlische Schall.
Was wir dort finden, lasset uns künden,
lasset uns preisen in frommen Weisen:
Halleluja!

Wahrlich, die Engel verkündigen heut
Bethlehems Hirtenvolk gar große Freud.
Nun soll es werden Friede auf Erden,
den Menschen allen ein Wohlgefallen:
Ehre sei Gott!

Text: Carl Riedel
Melodie: aus Böhmen

 Annette von Droste-Hülshoff

Zu Bethlehem, da ruht ein Kind

Zu Bethlehem, da ruht ein Kind,
im Kripplein eng und klein,
das Kindlein ist ein Gotteskind,
nennt Erd und Himmel sein.

Zu Bethlehem, da liegt im Stall,
bei Ochs und Eselein,
der Herr, der schuf das Weltenall,
als Jesukindchen klein.

Von seinem goldnen Thron herab
bringt's Gnad und Herrlichkeit,
bringt jedem eine gute Gab,
die ihm das Herz erfreut.

Der bunte Baum, vom Licht erhellt,
der freuet uns gar sehr,
ach, wie so arm die weite Welt,
wenn's Jesukind nicht wär!

Das schenkt uns Licht und Lieb und Lust
in froher, heilger Nacht.
Das hat, als es nichts mehr gewusst,
sich selbst uns dargebracht.

O wenn wir einst im Himmel sind,
den lieben Englein nah,
dann singen wir dem Jesukind
das wahre Gloria.

Zimtpäckchen und Orangenscheiben

Eine hübscher, wohlduftender Schmuck für Potpourris, an Zweigen oder am Christbaum

Das brauchen Sie:
lange Zimtstangen
Goldfaden oder dünner Golddraht
Geschenkband
Klebestift
evtl. Sternanis
1–2 Orangen

So wird's gemacht:

1 Für die Zimtpäckchen binden Sie je 3 Zimtstangen mit Golddraht zusammen, verknoten ihn und bilden aus den Enden eine Schlaufe zum Aufhängen. Aus Geschenkband binden Sie eine kleine Schleife, kleben darauf Sternanis und befestigen die Schleife mit Kleber auf dem Zimtpäckchen.

2 Für die Orangenanhänger schneiden Sie Orangen in 5 mm dicke Scheiben und legen sie auf ein Gitter im Backofen (Saftpfanne mit Backpapier unterschieben, da der Saft heruntertropfen kann). Bei 70 °C in ca. 5 Stunden trocknen. Größere Orangenscheiben umwickeln Sie sternförmig mit Golddraht. Dabei können Sie auch kleinere Scheiben, Zimtstangen oder auch Sternanis einfassen.

Strohsterne

Das brauchen Sie:
Strohhalme (aus dem Bastelgeschäft)
weißer oder roter Zwirn
Schüssel mit warmem Wasser
Bastelschere

So wird's gemacht:
1 Weichen Sie die Strohhalme für ca. 15 Minuten in warmem Wasser ein. So kann man die Halme anschließend leichter biegen. Nach dem Einweichen die Halme sorgfältig trocken tupfen und in gleich lange Stücke schneiden.

2 Für einen Stern benötigen Sie 12 gleich lange Strohhalme. Nehmen Sie sich vier davon. Legen Sie jeweils zwei Strohhalme in der Mitte übereinander und binden Sie sie mit einem Bindfaden zusammen. Dabei entstehen zwei Kreuze. Diese legen Sie genau mittig versetzt übereinander und binden sie noch einmal im Mittelpunkt fest zusammen.

3 Die nächsten vier Strohhalme legt man zu einem Quadrat und bindet jeweils zwei aneinanderliegende Enden zusammen. Dabei muss man darauf achten, dass noch ein kleines Stück der Enden übersteht. Das Gleiche macht man auch mit den letzten vier Strohhalmen.

4 Dann geht es mit dem ersten »Stern« weiter: Dieser hat acht Enden. Auf diesen legt man eines der Strohquadrate so, dass jede »Ecke« auch über einem »Ende« des Sterns liegt. An diesem Punkt bindet man die Ecke und das Ende vom Strohstern zusammen. Dann gibt es noch vier Enden an denen nichts festgebunden ist. Auf diese setzt man das zweite Quadrat und bindet es fest. Fertig ist ein schöner und einfacher Strohstern.

Die Weihnachtsgeschichte nach Lukas

Lukasevangelium Kapitel 2, Vers 1-20

Es begab sich aber zu der Zeit, dass ein Gebot von dem Kaiser Augustus ausging, dass alle Welt geschätzt würde. Und diese Schätzung war die allererste und geschah zur Zeit, da Quirinius Statthalter in Syrien war. Und jedermann ging, dass er sich schätzen ließe, ein jeder in seine Stadt.

Da machte sich auf auch Josef aus Galiläa, aus der Stadt Nazareth, in das jüdische Land zur Stadt Davids, die da heißt Bethlehem, weil er aus dem Hause und Geschlecht Davids war, damit er sich schätzen ließe mit Maria, seinem vertrauten Weibe; die war schwanger.

Und als sie dort waren, kam die Zeit, dass sie gebären sollte. Und sie gebar ihren ersten Sohn und wickelte ihn in Windeln und legte ihn in eine Krippe; denn sie hatten sonst keinen Raum in der Herberge.

Und es waren Hirten in derselben Gegend auf dem Felde bei den Hürden, die hüteten des Nachts ihre Herde. Und der Engel des Herrn trat zu ihnen, und die Klarheit des Herrn leuchtete um sie; und sie fürchteten sich sehr.

Und der Engel sprach zu ihnen: Fürchtet euch nicht! Siehe, ich verkündige euch große Freude, die allem Volk widerfahren wird; denn euch ist heute der Heiland

geboren, welcher ist Christus, der Herr, in der Stadt Davids. Und das habt zum Zeichen: Ihr werdet finden das Kind in Windeln gewickelt und in einer Krippe liegen.

Und alsbald war da bei dem Engel die Menge der himmlischen Heerscharen, die lobten Gott und sprachen: »Ehre sei Gott in der Höhe und Friede auf Erden bei den Menschen seines Wohlgefallens.«

Und als die Engel von ihnen gen Himmel fuhren, sprachen die Hirten untereinander: »Lasst uns nun gehen nach Bethlehem und die Geschichte sehen, die da geschehen ist, die uns der Herr kundgetan hat.«

Und sie kamen eilend und fanden beide, Maria und Josef, dazu das Kind in der Krippe liegen. Als sie es aber gesehen hatten, breiteten sie das Wort aus, das zu ihnen von diesem Kinde gesagt war. Und alle, vor die es kam, wunderten sich über das, was ihnen die Hirten gesagt hatten.

Maria aber behielt alle diese Worte und bewegte sie in ihrem Herzen. Und die Hirten kehrten wieder um, priesen und lobten Gott für alles, was sie gehört und gesehen hatten, wie denn zu ihnen gesagt war.

Selma Lagerlöf
Die Heilige Nacht

s war an einem Weihnachtstag, alle waren zur Kirche gefahren, außer Großmutter und mir. Ich glaube, wir beide waren im ganzen Hause allein. Wir hatten nicht mitfahren können, weil die eine zu jung und die andere zu alt war. Und alle beide waren wir betrübt, dass wir nicht zum Mettegesang fahren und die Weihnachtslichter sehen konnten. Aber wie wir so in unserer Einsamkeit saßen, fing Großmutter zu erzählen an. »Es war einmal ein Mann«, sagte sie, »der in die dunkle Nacht hinausging, um sich Feuer zu leihen. Er ging von Haus zu Haus und klopfte an. ›Ihr lieben Leute, helft mir‹, sagte er. ›Mein Weib hat eben ein Kindlein geboren, und ich muss Feuer anzünden, um es und den Kleinen zu erwärmen!‹ Aber es war tiefe Nacht, sodass alle Menschen schliefen, und niemand antwortete ihm. Der Mann ging und ging. Endlich erblickte er in weiter Ferne einen Feuerschein. Da wanderte er dieser Richtung zu und sah, dass das Feuer im Freien brannte. Eine Menge weiße Schafe lagen rings um das Feuer und schlief, und ein alter Hirt wachte über der Herde.

Als der Mann, der Feuer leihen wollte, zu den Schafen kam, sah er, dass drei große Hunde zu Füßen des Hirten ruhten und schliefen. Sie erwachten alle drei bei seinem Kommen und sperrten ihre weiten Rachen auf, als ob sie bellen wollten, aber man vernahm keinen Laut. Der Mann sah, dass sich die Haare auf ihrem Rücken sträubten, er sah, wie ihre scharfen Zähne funkelnd weiß im Feuerschein leuchteten, und wie sie auf ihn losstürzten. Er fühlte, dass einer von ihnen nach seinen Beinen schnappte und einer nach seiner Hand und dass einer sich an seine Kehle hängte. Aber die Kinnladen und die Zähne, mit denen die Hunde beißen wollten, gehorchten ihnen nicht, und der Mann litt nicht den kleinsten Schaden. Nun wollte der Mann weitergehen, um das zu finden, was er brauchte. Aber die Schafe lagen so dicht nebeneinander, Rücken an Rücken, dass er nicht vorwärts kommen konnte. Da stieg der Mann auf die Rücken der Tiere und wanderte über sie hin dem Feuer zu. Und keins von den Tieren wachte auf oder regte sich.« So weit hatte Großmutter ungestört erzählen können, aber nun konnte ich es nicht lassen, sie zu unterbrechen.

»Warum regten sie sich nicht, Großmutter?«, fragte ich. »Das wirst du nach einem Weilchen schon erfahren«, sagte Großmutter und fuhr mit ihrer Geschichte fort.

»Als der Mann fast beim Feuer angelangt war, sah der Hirt auf. Es war ein alter, mürrischer Mann, der unwirsch und hart gegen alle Menschen war. Und als er einen Fremden kommen sah, griff er nach einem langen, spitzigen Stabe, den er in der Hand zu halten pflegte, wenn er seine Herde hütete, und warf ihn nach ihm. Und der Stab fuhr zischend gerade auf den Mann los, aber ehe er ihn traf, wich er zur Seite und sauste an ihm vorbei, weit über das Feld.« Als Großmutter so weit gekommen war, unterbrach ich sie abermals. »Großmutter, warum wollte der Stock den Mann nicht schlagen?« Aber Großmutter ließ es sich nicht einfallen, mir zu antworten, sondern fuhr mit ihrer Erzählung fort. »Nun kam der Mann zu dem Hirten und sagte zu ihm: ›Guter Freund, hilf mir und leih mir ein wenig Feuer. Mein Weib hat eben ein Kindlein geboren, und ich muss Feuer machen, um es und den Kleinen zu erwärmen.‹ Der Hirt hätte am liebsten Nein gesagt, aber als er daran dachte, dass die Hunde dem Manne nicht hatten schaden können, dass die Schafe nicht vor ihm davongelaufen waren und dass sein Stab ihn nicht fällen wollte, da wurde ihm ein wenig bange, und er wagte es nicht, dem Fremden das abzuschlagen, was er begehrte. ›Nimm, so viel du brauchst‹, sagte er zu dem Manne.

Aber das Feuer war beinahe ausgebrannt. Es waren keine Scheite und Zweige mehr übrig, sondern nur ein großer Gluthaufen, und der Fremde hatte weder Schaufel noch Eimer, worin er die roten Kohlen hätte tragen können. Als der Hirt dies sah, sagte er abermals: ›Nimm, so viel du brauchst!‹ Und er freute sich, dass der Mann kein Feuer wegtragen konnte. Aber der Mann beugte sich hinunter, holte die Kohlen mit bloßen Händen aus der Asche und legte sie in seinen Mantel. Und weder versengten die Kohlen seine Hände, als er sie berührte, noch versengten sie seinen Mantel, sondern der Mann trug sie fort, als wenn es Nüsse oder Äpfel gewesen wären.« Aber hier wurde die Märchenerzählerin zum dritten Mal unterbrochen. »Großmutter, warum wollte die Kohle den Mann nicht brennen?«

»Das wirst du schon hören«, sagte Großmutter, und dann erzählte sie weiter. »Als dieser Hirt, der ein so böser, mürrischer Mann war, dies alles sah, begann er sich bei sich selbst zu wundern: ›Was kann das für eine Nacht sein, da die Hunde nicht beißen, die Schafe sich nicht fürchten, der Speer nicht tötet und das Feuer nicht versengt?‹ Er rief den Fremden zurück und sprach zu ihm: ›Was ist das für eine Nacht? Und wie kommt es, dass alle Dinge dir Barmherzigkeit zeigen?‹ Da sagte der Mann:

›Ich kann es dir nicht sagen, wenn du selber es nicht siehst.‹ Und er wollte seiner Wege gehen, um bald ein Feuer anzünden und Weib und Kind wärmen zu können. Aber da dachte der Hirt, er wolle den Mann nicht ganz aus dem Gesicht verlieren, bevor er erfahren hätte, was dies alles bedeute. Er stand auf und ging ihm nach, bis er dorthin kam, wo der Fremde daheim war. Da sah der Hirt, dass der Mann nicht einmal eine Hütte hatte, um darin zu wohnen, sondern er hatte sein Weib und sein Kind in einer Berggrotte liegen, wo es nichts gab als nackte, kalte Steinwände. Aber der Hirt dachte, dass das arme unschuldige Kindlein vielleicht dort in der Grotte erfrieren würde, und obgleich er ein harter Mann war, wurde er davon doch ergriffen und beschloss, dem Kinde zu helfen. Und er löste sein Ränzel von der Schulter und nahm daraus ein weiches, weißes Schaffell hervor. Das gab er dem fremden Manne und sagte, er möge das Kind darauf betten.

Aber in demselben Augenblick, in dem er zeigte, dass auch er barmherzig sein konnte, wurden ihm die Augen geöffnet, und er sah, was er vorher nicht hatte sehen, und hörte, was er vorher nicht hatte hören können. Er sah, dass rund um ihn ein dichter Kreis von kleinen, silberbeflügelten Englein stand. Und jedes von ihnen hielt ein Saitenspiel in der Hand, und alle sangen sie mit lauter Stimme, dass in dieser Nacht der Heiland geboren wäre, der die Welt von ihren Sünden erlösen solle. Da begriff er, warum in dieser Nacht alle Dinge so froh waren, dass sie niemand etwas zuleide tun wollten. Und nicht nur rings um den Hirten waren Engel, sondern er sah sie überall. Sie saßen in der Grotte, und sie saßen auf dem Berge, und sie flogen unter dem Himmel. Sie kamen in großen Scharen über den Weg gegangen, und wie sie vorbeikamen, blieben sie stehen und warfen einen Blick auf das Kind. Es herrschte eitel Jubel und Freude und Singen und Spiel, und das alles sah er in der dunklen Nacht, in der er früher nichts zu gewahren vermocht hatte. Und er wurde so froh, dass seine Augen geöffnet waren, dass er auf die Knie fiel und Gott dankte.«

Aber als Großmutter so weit gekommen war, seufzte sie und sagte: »Aber was der Hirte sah, das könnten wir auch sehen, denn die Engel fliegen in jeder Weihnachtsnacht unter dem Himmel, wenn wir sie nur zu gewahren vermögen.« Und dann legte Großmutter ihre Hand auf meinen Kopf und sagte: »Dies sollst du dir merken, denn es ist so wahr, wie dass ich dich sehe und du mich siehst. Nicht auf Lichter und Lampen kommt es an, und es liegt nicht an Mond und Sonne, sondern was nottut, ist, dass wir Augen haben, die Gottes Herrlichkeit sehen können.«

(Auszug)

Brief von Johann Wolfgang von Goethe an seinen Freund Kestner

Frankfurt, 25. Dezember 1772

Christtag früh. Es ist noch Nacht, lieber Kestner, ich bin aufgestanden, um bei Lichte morgens wieder zu schreiben, das mir angenehme Erinnerungen voriger Zeiten zurückruft; ich habe mir Coffee machen lassen, den Festtag zu ehren, und will Euch schreiben, bis es Tag ist. Der Türmer hat sein Lied schon geblasen, ich wachte darüber auf. Gelobet seist du, Jesus Christ! Ich hab diese Zeit des Jahrs gar lieb, die Lieder, die man singt, und die Kälte, die eingefallen ist, macht mich vollends vergnügt. Ich habe gestern einen herrlichen Tag gehabt, ich fürchtete für den heutigen, aber der ist auch gut begonnen, und da ist mir's fürs Enden nicht angst.

Der Türmer hat sich wieder zu mir gekehrt; der Nordwind bringt mir seine Melodie, als blies er vor meinem Fenster. Gestern, lieber Kestner, war ich mit einigen guten Jungens auf dem Lande; unsre Lustbarkeit war sehr laut und Geschrei und Gelächter von Anfang zu Ende. Das taugt sonst nichts für die kommende Stunde. Doch was können die heiligen Götter nicht wenden, wenn's ihnen beliebt; sie gaben mir einen frohen Abend, ich hatte keinen Wein getrunken, mein Aug war ganz unbefangen über die Natur. Ein schöner Abend, als wir zurückgingen; es ward Nacht. Nun muss ich Dir sagen, das ist immer eine Sympathie für meine Seele, wenn die Sonne lang hinunter ist und die Nacht von Morgen heraus nach Nord und Süd um sich gegriffen hat und nur noch ein dämmernder Kreis von Abend herausleuchtet. Seht, Kestner, wo das

Land flach ist, ist's das herrlichste Schauspiel, ich habe jünger und wärmer stundenlang so ihr zugesehn hinabdämmern auf meinen Wanderungen. Auf der Brücke hielt ich still. Die düstre Stadt zu beiden Seiten, der still leuchtende Horizont, der Widerschein im Fluss machte einen köstlichen Eindruck in meine Seele, den ich mit beiden Armen umfasste.

Ich lief zu den Gerocks, ließ mir Bleistift geben und Papier und zeichnete zu meiner großen Freude das ganze Bild so dämmernd warm, als es in meiner Seele stand. Sie hatten alle Freude mit mir darüber, empfanden alles, was ich gemacht hatte, und da war ich's erst gewiss, ich bot ihnen an, drum zu würfeln, sie schlugen es aus und wollen, ich soll's Mercken schicken. Nun hängt es hier an meiner Wand und freut mich heute wie gestern. Wir hatten einen schönen Abend zusammen, wie Leute, denen das Glück ein großes Geschenk gemacht hat, und ich schlief ein, den Heiligen im Himmel dankend, dass sie uns Kinderfreude zum Christ bescheren wollen.

Als ich über den Markt ging und die vielen Lichter und Spielsachen sah, dacht ich an Euch und meine Buben, wie Ihr ihnen kommen würdet, diesen Augenblick ein himmlischer Bote mit dem blauen Evangelio, und wie aufgerollt sie das Buch erbauen werde.

Hätte ich bei Euch sein können, ich hätte wollen so ein Fest Wachsstöcke illuminieren, dass es in den kleinen Köpfen ein Widerschein der Herrlichkeit des Himmels geglänzt hätte. Die Torschließer kommen vom Bürgermeister und rasseln mit den Schlüsseln. Das erste Grau des Tags kommt mir über des Nachbarn Haus, und die Glocken läuten eine christliche Gemeinde zusammen. Wohl, ich bin erbaut hier oben auf meiner Stube, die ich lang nicht so lieb hatte als jetzt.

Weihnachtsmenü

Hohe Festtage waren seit dem Mittelalter neben der Feier in der Kirche vor allem durch ein Festmahl gekennzeichnet. Besonders zu Weihnachten spielte dieses eine große Rolle So nannte man in Norddeutschland Heiligabend auch »Vollbauchabend«. Das hing damit zusammen, dass im November traditionell mit dem Schlachten begonnen wurde. So bildete Weihnachten, nach der Zeit mit den knapp werdenden Schlachtvorräten des Frühjahrs, nicht nur den kulinarischen Höhepunkt, sondern auch den Abschluss der Fastenzeit des Advents.

Die traditionellen Speisen zu Weihnachten sind regional sehr unterschiedlich. Zwischen dem klassischen Schweine- und Gänsebraten sowie dem Weihnachtskarpfen gibt es unzählige andere Gerichte, die sich wiederum in den einzelnen Familientraditionen unterscheiden.

Kürbissuppe

Für 4 Personen
Zubereitungszeit: 30 Minuten

Zutaten:
400 g Hokkaidokürbis
175 g Äpfel (z. B. Boskoop)
1 Stück Ingwer (ca. 1 cm)
75 g Zwiebeln
25 g Butter
Salz
½ TL getrocknete Chiliflocken
Saft von ½ Zitrone
750 ml Hühnerbrühe
100 g Sahne
je 1 Msp. Zimtpulver, Nelkenpulver, Pimentpulver, weißer Pfeffer aus der Mühle
2 EL grob gehackte Petersilie

1 Den Kürbis waschen, schälen, vierteln und entkernen; dann mit Schale in dünne Scheiben schneiden. Die Äpfel waschen, vierteln, von den Kerngehäusen befreien und das Fruchtfleisch in dünne Scheiben schneiden. Ingwer schälen und fein hacken. Zwiebeln abziehen und fein würfeln. Butter in einem großen Topf erhitzen und Kürbis, Äpfel, Ingwer und Zwiebeln darin bei mittlerer Hitze etwa 4 Minuten anschwitzen. Mit Salz und ¼ TL Chili würzen. Mit Zitronensaft und Brühe auffüllen. Zugedeckt bei schwacher Hitze ca. 20 Minuten garen.

2 In einem hohen Gefäß die Sahne mit Zimt, Nelken, Piment und etwas Pfeffer mit den Quirlen des Handrührgeräts steif schlagen. Gemüse mit dem Pürierstab fein pürieren und mit Salz und Pfeffer abschmecken. Die Suppe auf Teller verteilen, Sahne darübergeben und mit Chili und Petersilie bestreuen.

Weihnachtsgans mit Rotkraut

Für 6–8 Personen
Zubereitungszeit: 60 Minuten
Garzeit: 3 Stunden

1 küchenfertige Gans (4–5 kg)
Salz, schwarzer Pfeffer
1 kg Maronen (Dose/Glas)
2 Zwiebeln
70 g Butter
1 Bund Thymian
1 Bund Majoran
2 Lorbeerblätter
1 EL Apfelessig
100 g Knollensellerie
1 Stange Lauch
2 große Möhren
1 EL Mehl
1 l Geflügelfond

Holzspieße und Küchengarn

Für das Rotkraut:
1 kg frischer Rotkohl
2 kleine Zwiebeln
2 Lorbeerblätter
6 Gewürznelken
3 mittelgroße Äpfel (z. B. Boskoop)
50 g Gänsefett
5 Wacholderbeeren
4 EL brauner Rohrzucker
Salz

1 Zimtstange
250 ml Rotwein
2 EL Apfelessig

1 Den Gänsehals und die Flügelspitzen mit einer Geflügelschere abschneiden und mit den Innereien beiseitestellen. Das Gänsefett abnehmen und beiseitestellen. Die Gans kalt abspülen, gut trocken tupfen und mit Salz und Pfeffer einreiben. Die beiden Flügel von der Unterseite her mit Küchengarn zusammenbinden. Die Gans an der Unterseite der Brust und Keulen auf jeder Seite einige Male mit einer Rouladennadel einstechen, damit das Fett beim Braten ablaufen kann. Backofen auf 180 °C (Umluft 160 °C) vorheizen.

2 Die Maronen in ein Sieb abgießen. 1 Zwiebel abziehen und würfeln. In einer Pfanne 50 g Butter schmelzen und die Zwiebelwürfel und Maronen darin bei mittlerer Hitze 3 Minuten anrösten. Thymian und Majoran waschen und trocken schütteln und jeweils die Hälfte davon sowie 2 Lorbeerblätter mitdünsten. Salzen, pfeffern und mit Essig würzen. Die abgekühlte Maronenfüllung in den Bauch geben, die Öffnung mit Holzspießen zusammenstecken und mit Küchengarn festbinden.

3 Gans mit der Brustseite nach oben auf ein tiefes Backblech oder in einen großen Bräter legen. Im Ofen (unterste Schiene) etwa 30 Minuten braten. Sellerie, Lauch, Möhren und die Zwiebel putzen, schälen und würfeln. In einer kleinen Schüssel das Mehl und die übrige Butter verkneten und kalt stellen.

4 Die Gans aus dem Ofen holen und das Fett abgießen. 500 ml kochendes Salzwasser in die Fettpfanne gießen. Die Gemüsewürfel einstreuen; Hals, Flügel und Innereien mit dem Gemüse dazulegen. Die Gans wieder in den Ofen schieben und 2 Stunden 30 Minuten garen. Nach 1 Stunde 30 Minuten 500 ml heißen Geflügelfond sowie den restlichen Thymian und Majoran dazugeben.

5 Für das Rotkraut vom Rotkohl die äußeren harten Blätter entfernen. Den Kohl vierteln, den Strunk herausschneiden und den Kohl in nicht zu feine Streifen schneiden oder hobeln. Zwiebeln abziehen, auf jede Zwiebel ein Lorbeerblatt legen und mit den Gewürznelken feststecken. Äpfel schälen, vierteln, entkernen und in Scheiben schneiden.

6 In einem breiten Topf das Schmalz erhitzen und die Wacholderbeeren darin 2 Minuten andünsten. Die Hälfte des Kohls hineingeben, mit 2 EL Zucker bestreuen und salzen. Die Zwiebeln, Apfelscheiben und die Zimtstange einlegen, den übrigen Kohl darüberschichten. Mit dem übrigen Zucker und Salz würzen. Mit Rotwein und ca. 500 ml Wasser auffüllen und ca. 30 bis 40 Minuten zugedeckt dünsten. Danach den Deckel abnehmen und das Kraut dickflüssig einkochen. Mit Apfelessig, Salz und Pfeffer würzen.

7 Nach Ende der Garzeit die Gans aus dem Ofen nehmen. Den Backofen auf 220 °C stellen und die Gans auf ein anderes Blech legen. In einer kleinen Schüssel 1 EL Salz mit 6 EL Wasser verrühren und die Gans damit einpinseln. Gans noch 20 Minuten im Ofen grillen und dabei immer wieder mit Salzwasser bepinseln.

8 Inzwischen für die Sauce den übrigen Geflügelfond erhitzen und zum Gemüse gießen, dabei den Bratfond lösen. Alles durch ein Sieb in einen großen Topf gießen. Flüssigkeit bei starker Hitze um ca. die Hälfte einkochen lassen und entfetten. Kalte Mehlbutter klein schneiden und in der Sauce verquirlen. Sauce bei schwacher Hitze 10 Minuten köcheln lassen, mit Salz und Pfeffer würzen.

9 Die Gans zerteilen und mit der Maronenfüllung, der Sauce und Rotkohl servieren. Dazu passen Kartoffelknödel.

Schokotarte mit Himbeersauce

Zubereitungszeit: 45 Minuten

Für 1 Tarteform

Zutaten:
250 g Butter
400 g Bitterschokolade (mind. 75 % Kakao)
6 Eier (M)
250 g Rohrzucker

Außerdem:
Butter zum Einfetten
Puderzucker

Für die Sauce:
250 g TK-Himbeeren (ohne Zucker)
40 g Zucker
6 cl Himbeergeist

1 In einer Schüssel über einem heißen Wasserbad Butter und Schokolade schmelzen. Den Ofen auf 180 °C (Umluft 160 °C) vorheizen.

2 In einer hohen Schüssel Eier und Zucker mit den Quirlen des Handrührgeräts schaumig schlagen. Die Schokobutter langsam darunterrühren. Die Tarteform einfetten und die Masse einfüllen. Im Ofen (Mitte) ca. 25 Minuten backen.

3 In einem Topf Himbeeren, Zucker und Himbeergeist zum Kochen bringen und unter Rühren bei schwacher Hitze sämig einkochen. Vom Herd ziehen, abkühlen lassen und kalt stellen.

4 Die Tarte aus dem Ofen nehmen, auskühlen lassen und portionsweise mit Puderzucker bestreut und Himbeersauce servieren.

Die Christmette

Die katholische Kirche feiert traditionell um 0 Uhr am 25. Dezember die Geburt Christi, der in der Nacht geboren sein soll (Luk. 2, 8). Im Erzgebirge und in mittel- und süddeutschen Gemeinden ist bis heute die Christmette im Morgengrauen des Weihnachtstages die wichtigste Feier. Sie erinnert damit an ihren Ursprung im lateinischen »matutinus« (zu Deutsch: morgendlich). Nächtliche Gottesdienste verdeutlichen besonders intensiv das Wesen Christi als das »Licht der Welt«. Wachsamkeit in der Nacht gilt zudem seit alters als Tugend der Christen, schließlich wachen die Hirten der Weihnachtserzählung des Nachts über ihre Herde.

Nach dem Weihnachtsessen und dem Auspacken der Geschenke läuten auch heute noch die Glocken zur Christmette. Dann ziehen die Familien zur hell erleuchteten Kirche. Hier feiert man mit Weihnachtsliedern im Schein unzähliger Kerzen die Geburt des Jesuskindes, das das Licht in das Dunkel der Welt brachte. Auch das wohl berühmteste Weihnachtslied der Welt »Stille Nacht, heilige Nacht« wurde das erste Mal bei einer solchen Christmette gesungen.

Stille Nacht, heilige Nacht!

Stille Nacht, heilige Nacht!
Hirten erst kundgemacht
durch der Engel Halleluja.
Tönt es laut von fern und nah:
Christ, der Retter ist da!
Christ, der Retter ist da!

Stille Nacht, heilige Nacht!
Gottes Sohn, o wie lacht
lieb aus deinem göttlichen Mund,
da uns schlägt die rettende Stund,
Christ, in deiner Geburt,
Christ, in deiner Geburt.

Text: Joseph Mohr
Melodie: Franz Gruber

Die Raunächte

Die Weihnachtszeit ist eine geheimnisvolle Zeit. Sie beginnt jedes Jahr mit dem Warten auf die Ankunft des Lichts, das in dunkelster Nacht geboren wird. Es ist die Zeit der Stille, der inneren Einkehr, der Familie und des entspannten Zusammenseins mit Freunden. Man blickt zurück und schaut nach vorn in dieser Zeit der Wandlung, wenn sich Kreise schließen und neue Möglichkeiten eröffnen.

Nach der Adventszeit und mit dem Heiligen Abend – früher mit der Wintersonnwende am 21. Dezember – beginnen die 12 heiligen Nächte, die man im Volksmund auch als Weihnächte oder Raunächte kennt. Der Begriff Raunächte geht auf das mittelhochdeutsche Wort »ruch« zurück. Das bedeutet so viel wie »haarig« und bezieht sich auf das Fell der Tiere im bäuerlichen Leben. In früherer Zeit wurden in dieser Zeit viele Rituale durchgeführt, die sich um das Vieh drehten. Auch Maskenumzüge fanden statt, um die bösen Geister zu vertreiben. Die Maskierten trugen dabei auch oft Felle.

Die Raunächte sind auch die Zeit der Perchta, einer Sagengestalt aus der nordischen und germanischen Mythologie, die manchmal auch mit Frau Holle gleichgestellt wird. Sie taucht in den 12 Nächten auf mit ihrem Tross wilder, unwirklicher Reiter, der Wilden Jagd. Sie bringt Schnee und Wind mit und erinnert die Menschen daran, dass sie alle Kinder der Natur sind und dem Wechsel der Jahreszeiten unterworfen. Sie ist schön und hässlich zugleich, gut und gnadenlos, hell und dunkel. Sie verkörpert den Lauf des Jahres und verkündet in der dunkelsten Jahreszeit, dass bald alles wieder grün und fruchtbar sein wird. In den alpenländischen Regionen ziehen um diese Zeit maskiert und lärmend die Perchten umher. An ihren Masken erkennt man die Doppelgesichtigkeit der Göttin: Vorne ist sie furchterregend und hinten wunderschön.

Im Volksmund heißt es, dass man vor Beginn der Raunächte gründlich aufräumen sollte, da Unordnung und Schmutz die wilde Jagd anziehen, die Krankheit und schlechte Gefühle auslösen. Des Weiteren sollen alle Räder – in früheren Zeiten bezog sich dies auch auf die Spinnräder – stillstehen, da sich nun das Schicksalsrad dreht. An Weihnachten und Silvester sollte man nicht waschen und ausmisten, sondern nur für die Familie da sein. Kinder, die an einem Samstag oder Sonntag während der Raunächte geboren werden, sollen hellsichtig sein. Träume, die man in dieser Zeit hat, gehen in Erfüllung – und: In diesen Nächten wirken Heilkräuter besonders gut.

Mit dem Dreikönigstag schließlich enden die Raunächte, der alte Jahreskreis hat sich geschlossen und ein neuer beginnt sich zu drehen.

Bauernregeln in den Raunächten

Dem Wetter wird in den Raunächten eine besondere Bedeutung zugeschrieben. So wie das Wetter an den zwölf Tagen wird es auch in den zwölf korrespondierenden Monaten – scheint also am 25. Dezember die Sonne, wird der Januar ebenfalls sonnig.

26. Dezember
Windstill muss St. Stephan sein,
soll der nächste Wein gedeihn.

28. Dezember
Haben's die unschuldigen Kindlein kalt,
so weicht der Frost noch nicht so bald.

31. Dezember
Wind in St. Silvesters Nacht
hat nie Wein und Korn gebracht.

Württembergische Sage
Das Holleweibchen

Nun war einmal ein junges Mädchen aus der Stadt erschienen, um in Nemmersdorf die Hauswirtschaft zu erlernen. Das Spinnen ging ihr nicht recht von der Hand, weil sie diese Arbeit nicht von Jugend auf gelernt hatte; bei ihrer Hausfrau aber musste so fein gesponnen werden, dass man ein Gewinde durch einen Trauring ziehen konnte. Dieses Mädchen aus der Stadt wollte an die Spinnfrauen oder Holleweibchen nicht glauben. Am Lichtmessabend, als alle andern schon schliefen, stand sie leise auf, reinigte die Schlüssellöcher in Flur und Küche, die die Köchin sorgsam verstopft hatte, damit die Holleweibchen nicht ins Haus schlüpfen könnten, nahm das Spinnrad und legte Flachs auf; kaum lag das Mädchen wieder im Bett, da brauste und sauste es vor den Fenstern, als ziehe die Wilde Jagd vorüber. Neugierig eilte das Mädchen wieder in die Küche. Da saß ein kleines graues Wesen am Spinnrad und spann; schon lag eine Rolle des allerfeinsten Garns auf der Erde. Als das Mädchen erstaunt näher schlich, packte das Holleweibchen seine losen Haare und spann sie statt des Flachses. Plötzlich sah das Mädchen eine Sternschnuppe fallen. Es wusste selbst nicht, was es war, und schrie in seiner Angst und Not: »Ach, ach, der Himmel fällt ein!« Darüber erschrak das Holleweibchen und rannte bei der Tür hinaus. Das Mädchen machte sich rasch vom Spinnrad los und zerhackte den Spinnrocken mit einem Küchenbeil in viele Stücke. Als das Holleweibchen nach einiger Zeit wieder zur Tür hereinschaute und das Spinnrad zerschlagen sah, kehrte es um und lief davon.

   Das Stadtmädchen aber war von nun an von seinem Unglauben geheilt und hat nie mehr versucht, in der verbotenen Zeit, in den Zwölften, den Nächten zwischen Weihnachten und Dreikönig und zu Lichtmess, zu spinnen oder Flachs aufzulegen.

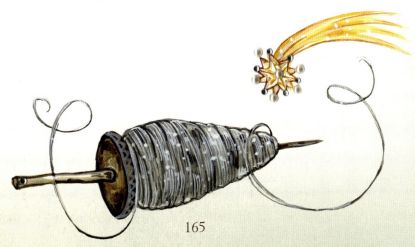

Räuchern

ür die Raunächte sind viele Rituale überliefert. Sie dienen dazu, sich vom Alten zu verabschieden und sich von negativen Energien zu reinigen, um gesund und kraftvoll ins neue Jahr zu kommen. In früherer Zeit erbat man sich so den Segen für Haus und Hof und Gesundheit für Mensch und Tier.

Eines der wichtigsten und seit Jahrtausenden überlieferten Rituale ist die Verwendung von Räucherstoffen. Dabei war der Gebrauch von Räucherstoffen keineswegs nur Schamanen, Heilern oder Druiden vorbehalten, sondern ist auch Bestandteil des Volksglaubens. Schon die Kelten wussten um die schützende und heilende Wirkung unterschiedlichster Räuchersubstanzen. Sie waren davon überzeugt, dass der Geist der Pflanze, mit der geräuchert wird, durch das Feuer freigesetzt wird und so den Menschen schützt, reinigt oder heilt und zugleich die Götter nährt.

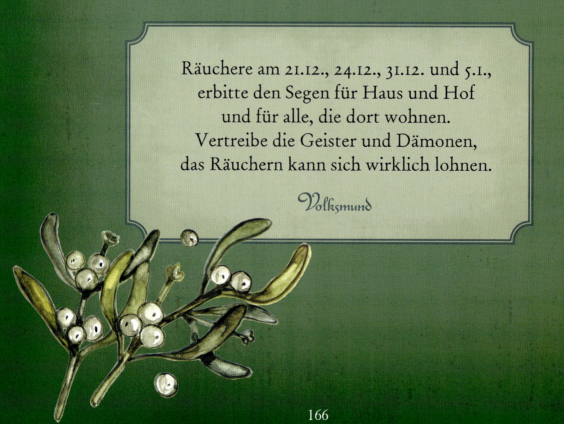

> Räuchere am 21.12., 24.12., 31.12. und 5.1.,
> erbitte den Segen für Haus und Hof
> und für alle, die dort wohnen.
> Vertreibe die Geister und Dämonen,
> das Räuchern kann sich wirklich lohnen.
>
> *Volksmund*

Geräuchert wird immer in dafür vorgesehenen feuerfesten Gefäßen aus Keramik oder Metall. Darin zündet man die Räucherkohle an und gibt die entsprechenden Räucherstoffe auf die Glut. Dann geht man – am besten zu zweit – alle Räume ab, betet und spricht Segensformeln. Zum Abschluss werden alle Menschen und Tiere im Haus noch beräuchert.

Die üblichsten Räucherstoffe sind:

- Angelikawurzel reinigt die Räume und sorgt für eine gute Schwingung.
- Kampfer löscht alles Alte aus.
- Myrrhe wirkt desinfizierend, klärend und beruhigend.
- Myrte bringt Frieden und sorgt für Klarheit.
- Salbei reinigt auch auf der spirituellen Ebene.
- Thymian stärkt die Energien.
- Weihrauch bringt Segen ins Haus und verbessert die Energie.

Nach dem Räuchern versprüht man etwas Quellwasser, das den Rauch bindet und die Atmosphäre klärt.

Die Heiligen Drei Könige

Auf den 6. Januar fällt das katholische Hochfest der »Erscheinung des Herrn«, der Heiligen Drei Könige oder – in der evangelischen Kirche – das Epiphaniasfest. Das Fest der Epiphanie ist sogar noch älter als das Weihnachtsfest und wurde bereits vor 194 n. Chr. begangen. Bis ins Mittelalter hinein begann am 6. Januar das neue Jahr.

Die Weisen aus dem Morgenland wurden die drei heiligen Könige genannt, von denen das Matthäusevangelium berichtet: »Und sahen das Kindlein, warfen sich nieder, huldigten ihm, taten ihre Schätze auf und brachten ihm Gold und Weihrauch und Myrrhe« (Matthäusevangelium 2, 11). Diese Gaben werden in der Tradition der Kirche symbolisch gedeutet: »Gold für den König, Weihrauch für Gott und Myrrhe für das Begräbnis«, für den Erlöser. Zahlreiche Legenden und Kommentare erzählen das von Wundern erfüllte Leben der drei Weisen, ehe ihnen der Stern erschien, sie die Reise nach Jerusalem unternahmen, vor Herodes standen und, nach der Verehrung des Kindes und durch einen Engel im Traumgesicht gewarnt, einen anderen Rückweg in die Heimat einschlugen.

Aus der Zahl der Gaben für das göttliche Kind schloss man im 3. Jahrhundert auf die Dreizahl der weisen Astronomen. Seit dem 8. Jahrhundert heißen sie Caspar, Melchior und Balthasar und wurden in den Stand der Könige erhoben. Caspar bedeutet auf Persisch »der Schatzmeister«, Melchior auf Hebräisch »der König des Lichtes« und Balthasar auf Babylonisch »der Herr möge das Leben des Königs beschützen«. Sie gelten als Vertreter der drei damals bekannten Erdteile Asien, Europa und Afrika und der drei Lebensalter.

Die Reliquien der drei Könige wurden in Mailand verehrt und 1164 nach Köln überführt, wo sie in einem Goldschrein im Dom aufbewahrt werden. Dadurch bekam die Verehrung der Heiligen Drei Könige in Deutschland großen Auftrieb. Das Fest der Heiligen Drei Könige hängt wohl mit der Übertragung ihrer Gebeine von Mailand nach Köln zusammen.

Wegen ihrer Reise zum neugeborenen Jesuskind wurden sie zu den Schutzheiligen der Reisenden und Pilger, besonders auch als Patrone für die »letzte Reise«, den Tod.

Die Namen vieler Gaststätten haben hier ihre Wurzel: »Stern«, »Drei Kronen« oder »Mohr«.

Dreikönigsspiele sind bis in die Neuzeit beliebt. Noch heute weitverbreitet ist in der katholischen Kirche der Brauch der von Haus zu Haus ziehenden Sternsinger, die um eine Gabe bitten und das Haus segnen, wobei sie die jeweilige Jahreszahl und die Initialen C + M + B an die Haustür schreiben. Zunächst malten die Sänger nur ein Kreuz auf die Türen, daraus entwickelte sich der Haussegen »C + M + B«, »Christus Mansionem Benedicat«, zu Deutsch: »Christus segne das Haus«, der das Böse im neuen Jahr fernhalten soll.

Die Heilgen Drei König

Die Heilgen Drei König mit ihrigem Stern,
sie bringen dem Kindlein das Opfer so gern.
Sie reisen in schneller Eil
in dreizehn Tag vierhundert Meil.

Die Heilgen Drei König mit ihrigem Stern
knien nieder und ehren das Kindlein, den Herrn.
Ein selige, fröhliche Zeit
verleih uns Gott im Himmelreich!

Volkslied aus Oberbayern

Dreikönigskuchen

Zubereitungszeit: 20 Minuten
Ruhezeit: ca. 1 Stunde
Backzeit: 40 Minuten

Zutaten:
1 Beutel Trockenhefe
250 ml Milch
100 g weiche Butter
500 g Mehl
½ TL Salz
4 EL Zucker
½ TL Zitronenabrieb
1 Ei
80 g Zitronat
80 g Sultaninen
50 g grob gehackte Mandeln
1 Eigelb
80 g flüssige Butter

Außerdem:
Springform

1 In einer großen Schüssel die Hefe mit der lauwarmen Milch flüssig rühren und die Butter hinzugeben. Mehl, Salz, Zucker, Zitronenschale und Ei dazugeben und mit den Knethaken des Handrührgeräts zu einem Hefeteig kneten. Zugedeckt an einem warmen Ort 30 Minuten ruhen lassen.

2 Dann Zitronat, Sultaninen und Mandeln einkneten. Aus dem Teig neun Kugeln formen und nebeneinander in eine Springform setzen. In einer Kugel eine Bohne verstecken. Den Teig gehen lassen, bis sich der Umfang verdoppelt hat. Den Backofen auf 200 °C (Umluft 180 °C) vorheizen.

3 Den Kuchen mit verquirltem Eigelb bestreichen und etwa 40 Minuten goldgelb backen. Aus der Form nehmen und, noch heiß, mit flüssiger Butter bestreichen.

> *In der Schweiz wurde das Dreikönigsfest in den Zünften nachweislich schon seit 1311 gefeiert. Es wurde dabei eine Bohne im Dreikönigskuchen versteckt, und wer sie fand, war dann König für einen Tag. Der Brauch war in ähnlicher Form auch in England üblich.*

Wilhelm Busch

Der Stern

Hätt einer auch fast mehr Verstand
als wie die drei Weisen aus Morgenland
und ließe sich dünken, er wäre wohl nie
dem Sternlein nachgereist wie sie;
dennoch, wenn nun das Weihnachtsfest
seine Lichtlein wonniglich scheinen lässt,
fällt auch auf sein verständig Gesicht,
er mag es merken oder nicht,
ein freundlicher Strahl
des Wundersternes von dazumal.

Der Stern von Bethlehem

ür den Stern der drei Weisen aus dem Morgenland, der ihnen den Weg zur Krippe wies, gibt es drei astronomische Erklärungen:

Die erste Erklärung ist die eines Kometen, wie man ihn auf vielen Weihnachtsbildern, Adventskalendern und Postkarten sehen kann. Ein solcher Schweifstern, wie Kometen auch heißen, ist eine imposante Himmelserscheinung. Hale-Bopp war einer von ihnen; Jahrhundertkomet nennt man ihn, und er war wahrscheinlich der am meisten beobachtete Stern seiner Art im 20. Jahrhundert. Nun lässt sich nicht nachprüfen, ob zu Christi Geburt ein heller Komet am Himmel zu sehen war. Es gibt viele Schweifsterne, die man nur einmal sehen kann und die dann in die Sonne fallen oder im unendlichen Weltall verschwinden. Allerdings galten Kometen seit jeher als böses Omen, weshalb es im Nachhinein unwahrscheinlich ist, die Geburt eines Königs mit dem Erscheinen eines Kometen zu verbinden.

Die zweite Idee ist die einer sogenannte Supernova. Damit bezeichnet man das blitzschnelle, äußerst helle Aufleuchten eines Sterns kurz vor Ende seiner Lebenszeit durch eine Explosion. Die Leuchtkraft des Sterns nimmt dabei millionen- bis milliardenfach zu, er wird für kurze Zeit so hell wie eine ganze Galaxie. Bei einer Hypernova kann sich das sogar ins Billiardenfache steigern. Wenn diese sich in der Nähe der Erde befindet, kann sie durchaus ein helles Licht am Himmel erzeugen. Von einer Supernova bleibt meist ein Nebel und ein kleiner sehr dunkler Stern erhalten. Diese kann man auch schon mit weniger starken Fernrohren erkennen, wie sie zur Zeit Christi unter Astronomen üblich waren.

Dann gibt es noch eine weit weniger spektakuläre Erklärung für den Stern der Weisen. Im Jahr 7 vor Beginn unserer Zeitrechnung standen Saturn und Jupiter – beide per se sehr helle Planeten – sehr dicht beieinander. Teilweise konnte man sie mit bloßem Auge nicht voneinander trennen und nahm sie vielleicht als einen sehr hellen, »neuen« Stern wahr.

Themenregister

Traditionen erklärt
Sankt Martin 8
Die heilige Barbara 55
Was der Advent bedeutet 25
Der Adventskranz 28
Der heilige Nikolaus 68
Der Weihnachtsbaum 129
Christbaumschmuck –
  Zeichen über Zeichen 138
Die Christmette 161
Die Raunächte 163
Die Heiligen Drei Könige 168

Geschichten
Hans Christian Andersen: Das Mädchen
  mit den Schwefelhölzern 85
Gerdt von Bassewitz:
  Auszug aus »Peterchens Mondfahrt« 43
Johann Wolfgang von Goethe:
  Brief an seinen Freund Kestner 154
Selma Lagerlöf: Die Heilige Nacht 151
Hermann Löns: Der allererste
  Weihnachtsbaum 133
Peter Rosegger:
  Die heilige Weihnachtszeit 31
Adalbert Stifter:
  Auszug aus »Bergkristall« 95
Theodor Storm: Auszug aus
  »Unter dem Tannenbaum« 71
Ludwig Thoma: Christkindl-Ahnung
  im Advent 142
Die Weihnachtsgeschichte nach Lukas 148
Oscar Wilde: Der eigensüchtige Riese 15
Württembergische Sage:
  Das Holleweibchen 165

Gedichte
Wilhelm Busch: Der Stern 172
Matthias Claudius: Lied im Advent 30
Annette von Droste-Hülshoff:
  Zu Bethlehem, da ruht ein Kind 145
Joseph von Eichendorff: Weihnachten 126
Clement Clarke Moore:
  Als der Nikolaus kam 90
Rainer Maria Rilke: Advent 40
Joachim Ringelnatz: Schenken 61
Joachim Ringelnatz: Weihnachten 87
Anna Ritter: Vom Christkind 81
Theodor Storm: Weihnachtslied 128

Lieder
Die Heilgen Drei König 170
Kling, Glöckchen, klingelingeling 127
Kommet, ihr Hirten 144
Lasst uns froh und munter sein 29
Leise rieselt der Schnee 58
Morgen kommt der Weihnachtsmann 89
O du fröhliche 51
O Tannenbaum 131
Sankt Martin 11
Schneeflöckchen, Weißröckchen 93
Stille Nacht, heilige Nacht! 162

Rezepte
Bratapfel mit Schokolade 49
Butterstollen 65
Dreikönigskuchen 171
Florentiner 23
Kinderausstecher 92
Kürbissuppe 157
Lebkuchenfiguren 62
Lebkuchen-Hexenhaus 82
Martinsbrot 12
Schokotarte mit Himbeersauce 160
Stutenkerl 12
Vanillekipferl 50
Weihnachtsgans mit Rotkraut 158
Zimtsterne 59

Basteln und Deko
Barbarastrauß 57
Lichtballons 20
Kuscheldecke zum Selberstricken 60
Kuscheltierchen 64
Pomander 88
Räuchern 166
Schlauchschal zum Selberstricken 22
Schleifenäpfel 140
Stoffsterne 141
Strohsterne 147
Weihnachtstürkranz 41
Zimtpäckchen und Orangenscheiben 146

Natur
Der Dezembergarten – was zu tun ist 66
Der Sternenhimmel im Winter 124
Der Stern von Bethlehem 173
Vögel im Winter 53

Textnachweis:
S. 148/149: Lutherbibel, revidierter Text 1984, durchgesehene Ausgabe in neuer Rechtschreibung, © 1999 Deutsche Bibelgesellschaft, Stuttgart.

In einigen Fällen war es nicht möglich, für den Abdruck der Texte die Rechteinhaber zu ermitteln. Honoraransprüche der Autoren, Verlage und ihrer Rechtsnachfolger bleiben gewahrt.

© arsEdition GmbH, München
Alle Rechte vorbehalten
Gestaltung Innenteil: Eva Schindler, Ebersberg

ISBN 978-3-7607-8899-9

www.arsedition.de

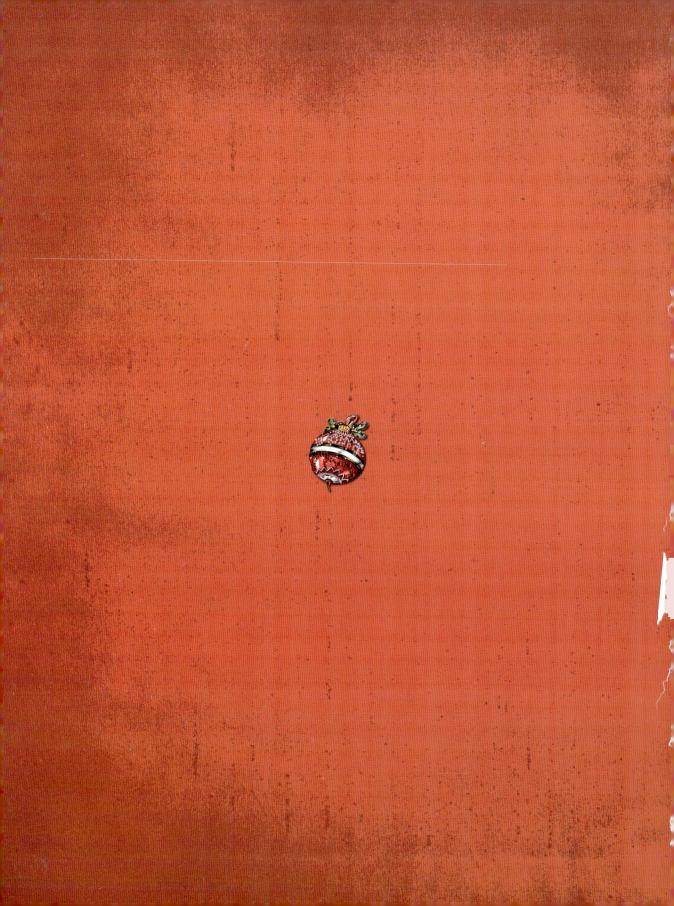